Freitag
in Deutschland

10 wunderbare Menüs
von Sternekoch Björn Freitag

Fotografiert von Hubertus Schüler

Björn Freitag

Kochen bedeutet für mich Leidenschaft und Lust am Leben. Die deutsche Küche bietet dafür eine großartige Basis mit ihren vielen feinen regionalen Spezialitäten. Gerne schaue ich dabei über den heimischen Tellerrand und lasse mich mal von mediterraner, mal von asiatischer Küche inspirieren.

Genuss kennt keine Grenzen. Und was gibt es Schöneres, als mit guten Freunden bei einem wunderbaren Essen immer wieder Neues zu entdecken und zu probieren? Für dieses Buch habe ich Menüs zusammengestellt, die Ihnen bei gut überlegter Vor- und Zubereitung genug Zeit lassen, den Abend gemeinsam mit Ihren Freunden beim Kochen und Essen zu genießen. Die wichtigste Zutat für einen gelungenen Abend ist und bleibt nämlich ein gut gelaunter Gastgeber, der vor allem eines für seine Freunde hat: Zeit.

Gruß aus der Küche

„Zutaten“, die dieses Buch besonders machen

Jedes Gericht braucht wie ein Musikstück etwas Besonderes, eine Idee, eine Melodie sozusagen, die es unverwechselbar und großartig macht. Für dieses Buch habe ich mich genau von diesem Anspruch leiten lassen: bei den Menüs, aber auch beim Buch selbst.

Weil heute längst nicht mehr jeder alles mag oder verträgt

Eine echte Premiere in meinem Buch sind die zusätzlichen Rezeptabwandlungen für liebe Gäste mit besonderen Ernährungsgewohnheiten. Die Menüs lassen sich damit – ohne großen Aufwand – an die Sonderwünsche eines Gastes anpassen. So können Sie Ihre Lieblingsmenüs auswählen und sie für den Gast, der kein Fleisch isst oder beispielsweise keine Laktose oder kein Gluten verträgt, einfach mit Hilfe der Rezeptvarianten anpassen.

Perfekte Weinbegleitung

Die Weintipps meines Freundes und renommierten Sommeliers Billy Wagner werden Ihnen helfen, eine harmonische Weinbegleitung auszuwählen. Das Besondere: Die Empfehlungen konzentrieren sich nicht dogmatisch auf einen einzigen Wein, sondern eröffnen Ideen für Alternativen. Billy Wagner erläutert in seinem unnachahmlichen Stil, warum manche Weine passen und andere nicht. Auf diese Weise wird nicht nur das Verständnis für Wein geschult, sondern auch die oft zeitraubende Jagd nach einem empfohlenen Wein erspart.

Lesen und kochen – auf einen Blick

Ich finde es immer ärgerlich, wenn man im Eifer des Gefechts, die Hände voller Teig, Fett oder anderer Zutaten, die Seiten eines Kochbuches umblättern muss, um zu erfahren, wie es weitergehen soll. Nicht nur die Konzentration leidet, sondern auch das Buch, dessen Seiten unfreiwillige Kostproben des kulinarischen Schaffens bekommen. Daher habe ich mir Gedanken gemacht, wie wir Ihnen das Nachkochen erleichtern können. Ein Kochbuch liest man eben anders als eine Zeitung. Deswegen sind die Rezepte angenehm groß gedruckt und enthalten beim Auftauchen einer **Zutat** 100 g noch einmal den Hinweis, wie viel Sie gerade hinzufügen oder verwenden sollen.

Dieses Buch widme ich Frank Buchholz,
meinem Freund und Wegbereiter, in ehrlicher Dankbarkeit.

Basics – Profigrundlagen für jeden Tag

Sie sind bereits ein routinierter oder gar professioneller Koch? Dann erspart Ihnen dieses Buch lange Rezeptpassagen mit Grundlagenwissen. Ambitionierte Einsteiger und Hobbyköche finden unter Basics Grundlagenrezepte zur Zubereitung der Beilagen oder Fonds, die natürlich auch für die tägliche Küche hervorragend geeignet sind.

Tipps rund um Küche und Ausstattung

Einige besondere Utensilien, die ich in meiner Küche besonders gerne um mich habe und mit Freude verwende, stelle ich Ihnen zwischen den einzelnen Kapiteln vor. Diese manchmal durchaus „kultigen" Objekte müssen für mich natürlich in erster Linie einen hohen Nutzwert haben, sind aber gleichzeitig Ausdruck der Freude an schönen Dingen und an einem Hauch von Luxus. Für alle, denen es ebenso geht, findet sich hinten im Buch ein Bezugsquellennachweis – genauso wie verlässliche Bestelladressen für erstklassige Lebensmittel.

Nie wieder Einkaufslisten schreiben!

Auf der Website des Verlags finden Sie unter www.bjvv.de/freitag einen praktischen Mengen-Rechner für alle Menüs aus diesem Buch. Damit können Sie die Zutaten für die gewünschte Gästezahl im Handumdrehen berechnen und direkt ausdrucken. Wer öfter einmal ein Menü kochen will, wird diese Funktion lieben.

Sonderwünsche?

Aber gerne!

Die Erfahrungen aus meinem Restaurant in Dorsten zeigen einen deutlichen Trend – kaum eine größere Runde, in der nicht mindestens ein Gast vegetarische Küche bevorzugt oder sich nach den Zutaten erkundigt, weil er Laktose oder Gluten nicht verträgt*. Was im Restaurant angesichts der Auswahl in einer Karte leicht fällt, stellt den ambitionierten Koch zu Hause vor ein Problem. Die Zusammenstellung eines stimmigen Menüs wird schnell zur echten Herausforderung. Und immerhin etwa jeder 5. oder 6. Erwachsene in Deutschland zählt sich inzwischen zu einer dieser Gruppen.

Grund genug, Ihnen in diesem Buch, wann immer es geht, pfiffige Rezeptvarianten mit geänderten Zutaten zu den Menüs zu präsentieren. So wird es Ihnen leicht gelingen, die besonderen Ernährungsgewohnheiten eines Einzelnen zu berücksichtigen, ohne gleich die Menüauswahl für alle zu verändern. Sie werden unter Ihren Freunden „mit besonderen Ansprüchen“ viele besonders dankbare Gäste finden. Nicht immer werden sie das Glück haben, so verwöhnt zu werden wie in diesen Menürezepten. Zu den Fleischspeisen gibt es, wann immer möglich, eine vegetarische Variante. Für die Rezepte, die Laktose oder Gluten enthalten, finden Sie Ausweichzutaten oder Zubereitungsalternativen.

* Alle Angaben in den Rezepten beziehen sich auf die häufigen Formen der Laktose- bzw. Glutenunverträglichkeit, nicht jedoch auf die wesentlich selteneren schweren Formen, wie sie z. B. bei Allergien vorkommen können. Bitte überprüfen Sie in jedem Fall alle verwendeten verpackten Produkte noch einmal auf ihre Inhaltsstoffe. Weitere Informationen zu Vegetarismus, Laktoseunverträglichkeit und Glutenunverträglichkeit erhalten Sie bei www.wikipedia.de im Internet.

Perfekte Weinbegleitung?

Trinken Sie, was Ihnen Spaß macht!

Wir alle haben im Sommer schon mal marinierte Erdbeeren mit geschlagener Sahne gegessen. Wieso schmeckt dieses Gericht? Die aufgeschnittenen Erdbeeren marinieren unter der Zugabe von etwas Zucker und Zitronensaft. Der entstandene Saft mit der Fruchtigkeit der Erdbeere und der Cremigkeit der geschlagenen Sahne ergänzen sich ideal. Cremigkeit, Säure und Süße im Einklang verändern nun in Summe das Geschmacksbild der einzelnen Bestandteile. Anhand dieses Beispiels kann man anschaulich verdeutlichen, wie man welchen Wein gut mit welcher Speise kombinieren kann.

Eine Weinbegleitung zu einem Menü ist schon deshalb interessant, um bestimmten Weinen außerhalb der bekannten Riesling- und Sauvignon-Blanc-Pfade einen Nutzen sowie die Berechtigung in Ihrem Weinkeller zu geben. Diese Sichtweise eröffnet Ihnen vielleicht auch einen neuen Weingeschmack, der wiederum zu mehr Mündigkeit in Bezug zu den qualitativen Eigenschaften eines Weines führt. Dass man dabei Wein trinkt, der nicht die optimale Qualität aufweist oder der einem nicht schmeckt, kann und wird natürlich passieren. Doch Gott sei Dank kann es auch sein, dass Sie einen für sich neuen Stil entdecken, der Sie niederknien lässt. Dafür lohnt es sich jederzeit, viel zu probieren.

Wolfgang Siebeck sagte einmal mit viel Ironie: „95 Prozent aller Weine sind Gesöff, die können Sie bedenkenlos wegschütten.“ Das mag wohl stimmen, aber keine Angst: Die restlichen 5 Prozent sind immer noch genügend Wein. Auch die Redewendung „Zum Weinkenner ist es ein langer Weg, aber auch ein sehr schöner“ kommt nicht von ungefähr. Probieren Sie sich durch die einzelnen Gerichte und versuchen Sie, sich eine neue Herangehensweise an Wein anhand der Weinempfehlungen zu den Speisen zu erarbeiten.

Weine, die Ihnen früher gefallen haben, langweilen Sie heute vielleicht. Ihr Geschmack und Ihre Auffassung von dem, was wie zu schmecken hat, ändern sich nach jeder bewusst getrunkenen Flasche Wein. Alles fließt ...

Außerhalb dieses Buches sollen Sie natürlich auch selbst sagen können, wieso welcher Wein zu welchem Gericht passen könnte. Hierzu möchte Ich Ihnen eine kurze Einleitung in das Thema Wein und Speisen geben.

Wie oft ist es im Restaurant oder daheim so, dass der Koch seine eigene Individualität und damit auch seine eigene Note in das Gericht einbringt. Gerade diese erwünschte Individualität unterscheidet den einen vom anderen – und dies kann sich dramatisch auswirken. Hat das Gericht nur aus einer bestimmten Laune heraus auf einmal mehr Säure und Sie trinken eigentlich immer einen Riesling Kabinett trocken von der Saar dazu, dann können sich die Säuren von Essen und Wein entsprechend addieren – und auf einmal wirken der Wein und damit auch das Essen uncharmant.

Der Geschmack eines Essens ist ein physisch erlebbares Gefühl im Mund, dessen Assoziation und Wiedererkennung sich unverdorbener Kindheitserinnerungen bemühen (vgl. das oben genannte Beispiel Erdbeeren mit Schlagsahne). Im Zusammenspiel zwischen der Textur eines Gerichtes und eines Weines finden Sie entsprechende Parallelen. Nutzen Sie diese. Besitzt ein Gericht viel Süße, kann ein Wein mit einem ausgewogenen Verhältnis zwischen Süße und Säure hervorragend dazu passen.

Ordnen Sie einem Gericht ein bestimmtes Farbmuster zu. Wirkt das Gericht auf Sie frisch und frühlingshaft, ist es ein grünes Gericht. Ist das Gericht jedoch schwer und winterlich, dann sind es wohl die Farben dunkelrot oder braun. Der Wein sollte nun in die gleiche Richtung gehen. Sie würden ja nicht zu einem frühlingshaften Salat einen schweren, roten Kalifornier trinken. Zwischen grünen und braunen Gerichten finden Sie noch viele Farben, welche zu den unterschiedlichsten Weinen passen.

Ein Gericht und ein Wein können jedoch auch nach ihren Gegensätzen kombiniert werden. Fehlt einem Wein die Säure, um vielleicht noch frisch zu wirken, kann das entsprechende Essen zum Beispiel mit einer säurehaltigen Vinaigrette wahre Wunder wirken. Die Säure aus dem Essen verleiht dem Wein die nötige Jugendlichkeit. So können Sie einem fast schon tot geglaubten Wein noch einmal zur Blüte verhelfen.

Probieren Sie! Bringen Sie viele unterschiedliche Kleinigkeiten auf den Tisch, versuchen Sie hierzu verschiedene Weine unterschiedlicher Couleur und entdecken Sie selbst die Möglichkeiten, die dieses Thema bietet. Die Idee Wein kann man sich nicht anlesen, denn alle Theorie ist trocken. Viel wichtiger und spannender ist es, sich das Thema bewusst anzutrinken.

Chapeau!

Ihr Billy Wagner

Menü

01

Vorspeise Cappuccino vom Lauch und der Kartoffel **12**

Hauptgericht Sauerbraten vom Kabeljau mit Aceto-Trauben und blauen Kartoffelchips **20**

Nachspeise Warmes Törtchen von zweierlei Käse mit Portweinbirnen **26**

02

Vorspeise Knuspersandwich vom Thunfisch mit Pfifferlings-Pesto und Avocado-Dip **32**

Hauptgericht Maultaschen von Sellerie und Sauerkirschen mit Perlhuhnbrust im Thymian-Sherry-Sud **36**

Nachspeise Warmer Schokoladenkuchen mit Sorbet und Anisapfel **42**

03

Vorspeise Artischocken-Tomaten-Ragout mit Tiroler Speck im Lasagne-Blatt **48**

Hauptgericht Krosser Zander mit Mango-Sauerkraut im Rieslingschaum **54**

Nachspeise Tonkabohnen-Crème-brûlée mit Erdbeeren und Joghurtsorbet **58**

04

Vorspeise Gebratene Jakobsmuscheln mit Blumenkohlpüree und Curryschaum **66**

Hauptgericht Marinierter Weideochse mit Schalotten-Ragout und Petersilienpüree **72**

Nachspeise Topfen-Krokant-Knödel mit Orangencrème und rotem Beerensorbet **76**

05

Vorspeise Kürbissuppe mit Garnelen **84**

Hauptgericht Huhn und Langostinos auf Dicken Bohnen **92**

Nachspeise Panna-cotta-Küchlein mit Sternanis und Beerenpüree **96**

Menü

06

Vorspeise Gefüllte Tomate mit Couscous und Lammfilet **102**

Hauptgericht Gebratener Wolfsbarsch auf Steckrüben mit scharfer Wurst **106**

Nachspeise Basilikumeis mit einer Schokoladentarte **112**

07

Vorspeise Gebratene Sardinenfilets auf einem Radieschen-Carpaccio mit Rucola **118**

Hauptgericht Geschmorte Lammschulter mit getrockneten Tomaten und Rahmpolenta **122**

Nachspeise Kaiserschmarrn mit Orangen-Granitée und Vanillesauce **126**

08

Vorspeise Heilbutt mit Morchelschmelze und Petersilienpüree **132**

Hauptgericht Rehrücken aus der Honig-Sternanis-Beize mit Pfefferkirschen und Spitzkohl **138**

Nachspeise Gelackter Aprikosenstrudel mit Pistazien-Mousse **142**

09

Vorspeise Strammer Max vom Kalbstafelspitz mit einem Kräutersalat **148**

Hauptgericht Schwäbisch Hällisches Schweinefilet mit Steinpilz-Parpadelle **152**

Nachspeise Orangen-Tiramisu mit Gewürzorangen-Filets **158**

10

Vorspeise Labskaus von Rotbarbe und Spanferkelbäckchen mit Rote-Beete-Relish und pochiertem Wachtelei **164**

Hauptgericht Knusperente aus dem Rohr mit Rotkohl-Crêpes und Apfel-Olivenöl-Püree **166**

Nachspeise Küchlein vom Ziegentopfen mit eingelegten Feigen **176**

12

Menü

01

Vorspeise

Cappuccino vom Lauch und der Kartoffel

Hauptgericht

Sauerbraten vom Kabeljau
mit Aceto-Trauben und blauen Kartoffelchips

Nachspeise

Warmes Törtchen von zweierlei Käse
mit Portweinbirnen

Klein, aber fein

„Mit dieser deutsch-italienischen Koproduktion ist ein gelungener Auftakt sicher. Übrigens: Auch dieser Cappuccino wird direkt aus der Tasse getrunken."

Zutaten für 4 Personen

300 g	mehlige Kartoffeln
1	Lauchstange
1	kleine Zwiebel
1 l	Geflügelbrühe[1] (siehe Basics S. 182)
0,5 l	Sahne[2]
1 EL	Butter[2]
2 EL	weißer Balsamico-Essig
100 ml	Milch[2] (für Milchschaum)
10 g	getrocknete Steinpilze
	frische Muskatnuss
	Salz, Pfeffer aus der Mühle

Das Rezept ist glutenfrei.

1 Für Vegetarier durch Gemüsebrühe ersetzen.

2 Bei Laktoseintoleranz durch laktosefreie Produkte ersetzen (siehe S. 188).

Cappuccino

vom Lauch und der Kartoffel

Zubereitung

ca. 20 Minuten

Kartoffeln 300 g und **Zwiebel** 1 kleine schälen, anschließend würfeln. Die **Lauchstange** 1 längs aufschneiden, alle Schichten gründlich von Sand und Erde befreien, in Ringe schneiden.

Alles in einem Topf mit wenig **Butter** 1 EL bei mittlerer Hitze anschwitzen.

Dann mit der **Brühe** 1 l und dem **Balsamico** ca. 2 EL ablöschen und mit **Salz**, **Pfeffer** und einer Prise frisch geriebener **Muskatnuss** abschmecken. Etwa 30 Minuten gar kochen.

In der Zwischenzeit die getrockneten **Steinpilze** 10 g in einem Mörser zerkleinern.

Milch 100 ml leicht erwärmen und aufschäumen.

Zum Schluss die **Sahne** 0,5 l zur Kartoffel-Lauch-Brühe geben, mit dem elektrischen Schneidstab pürieren und durch ein feines Sieb streichen.

Zum Servieren in Cappuccino-Tassen oder kleine Schalen füllen, mit Milchschaum und Steinpilzpulver dekorieren.

Tipp!
Damit die Suppe so schön grün wird wie auf dem Foto, empfehle ich, ein wenig Petersilienpüree (siehe Basics S. 185) unterzumixen. Natürlich schmeckt der Cappuccino aber auch ohne das farbliche Tuning hervorragend.

Cappuccino

vom Lauch und der Kartoffel

Weinempfehlung

Dieses Gericht verträgt einen bodenständigen Weißwein, der aber nicht durch zu aggressive Frucht gestört wird. Ideal bietet sich ein feiner, aus dem großen Holzfass stammender, spontanvergorener Weißburgunder aus Baden an. Die lehmigen Böden verleihen dem Wein die nötige Kraft, um mit der cremigen Suppe zu harmonieren.

Sollte ein solcher nicht zu erhalten sein, lohnt es auch, einen würzigen Chasselas aus dem Wallis dazu zu trinken. Hochwertige Chasselas erinnern bei entsprechender Ertragsregulierung im Weinberg immer an Kleie von Reis oder Kartoffeln.

Stein – das neue Porzellan?

Wohl eher nicht. Aber weil kein Stein dem anderen gleicht – in Farbe und Struktur – und jeweils einen ganz eigenen Charakter aufweist, ist Naturstein für mich eine echte Bereicherung am Arbeitsplatz in der Küche – sei es als Platzteller, als Arbeitsplatte oder gleich als kompletter Fußboden.

Seit Kurzem widerstehen die Oberflächen sogar einem Glas Rotwein oder heißem Fett dank einer neuen, patentierten Hightech-Oberflächenbeschichtung, mit der man den eigentlich empfindlichen Naturstein schützen kann.

(Bezugsquellen auf Seite 188)

Rheinische Impressionen

„Der urdeutsche Sauerbraten präsentiert sich in diesem raffinierten Gericht von einer überraschend anderen Seite. Meine Variation mit Kabeljau vereint den typisch süß-sauren Charakter des klassischen Sauerbratens mit leichter Bekömmlichkeit. Auch in der Zubereitung gibt sich diese Komposition angenehm unkompliziert und verzichtet dabei auf aufwendiges Beizen."

Zutaten für 4 Personen

600 g	Kabeljaufilet[1]
2	kleine Kohlrabis
150 ml	Sahne[2]
20	rote Trauben
etwas	alter Balsamico-Essig (oder Crema di Balsamico, dunkel)
2	große blaue Kartoffeln (z. B. „Truffes de Chine", „Vitelotte" oder „Hermanns Blaue")
2 EL	Pflanzenöl (hier genügt ein einfaches Öl)
	frische Muskatnuss
	Salz, Pfeffer aus der Mühle

Sauce

100 ml	Sahne[2]
10 ml	Balsamico-Essig, weiß
4	Gewürznelken
100 ml	Fischfond (siehe Basics S. 182)
	Salz, Pfeffer aus der Mühle

Das Rezept ist glutenfrei.

1 Eine Rezeptvariante für Vegetarier finden Sie auf den folgenden Seiten.

2 Bei Laktoseintoleranz durch laktosefreie Sahne ersetzen (siehe S. 188).

Sauerbraten vom Kabeljau

mit Aceto-Trauben und blauen Kartoffelchips

Zubereitung — ca. 50 Minuten

Trauben ca. 20 waschen, halbieren und entkernen, im lauwarmen **Balsamico-Essig** etwa 25 Minuten ziehen lassen. Alternativ **Crema di Balsamico** 1 Spritzer auf einen flachen Teller geben und die Trauben mit der Schnittseite daraufsetzen.

Kohlrabis ca. 2 schälen und nach Belieben in kleine Rauten oder Würfel schneiden.

Sahne 150 ml mit **Salz**, **Pfeffer** und frisch geriebener **Muskatnuss** abschmecken, kurz aufkochen lassen. Kohlrabis hinzufügen und etwa 7 Minuten köcheln lassen, danach durch ein feines Sieb abgießen.

In der Zwischenzeit den **Fischfond** 100 ml mit den **Gewürznelken** 4 und dem **Balsamico** 10 ml lauwarm ziehen lassen. Die abgegossene Kohlrabi-Sahne zufügen und kurz aufkochen. Nelken entfernen, mit **Salz** und **Pfeffer** abschmecken, anschließend mit dem Stabmixer aufschäumen.

Kartoffeln 2 schälen und in dünne Scheiben schneiden, dann in heißem **Pflanzenöl** 2 EL knusprig backen.

Fischfilets 600 g von jeder Seite 2 bis 3 Minuten kross anbraten, auf dem Kohlrabigemüse anrichten und mit der aufgeschäumten Sauce übergießen. Mit Trauben und Kartoffelchips dekorativ anrichten.

Dazu empfehle ich ein lockeres Kartoffelpüree.

Sauerbraten vom Kabeljau

mit Aceto-Trauben und blauen Kartoffelchips

Weinempfehlung

Durch die Trauben wirkt das Gericht sehr weinig. Diese Weinigkeit verlangt nach einem Riesling aus Deutschland. Ein großes Gewächs oder eine Auslese trocken mit entsprechend viel Gewicht, Opulenz und Saftigkeit ist ein hervorragender Begleiter zu diesem doch eher fruchtbetonten Gericht.

Alternativ bietet sich an, einen Wein von der Loire aus Sancerre oder Pouilly Fume zu wählen. Dieser sollte aber, wie der Riesling, eine gewisse Schwere haben. Der Sauvignon Blanc aus diesen beiden Orten besitzt bei einer authentischen Produktionsweise gewisse Feuersteinnoten, die sich ausgezeichnet mit der Süße des Gerichts verbinden lassen, aber auch einen Gegensatz dazu schaffen. Bitte wählen Sie keinen einfachen Sauvignon Blanc aus. Hier wird ganz klar „Großes“ verlangt.

Vegetarische Rezeptvariante

Alternative zu Fisch: Kartoffelravioli

Zutaten für 4 Personen

	Nudelteig
250 g	Mehl
250 g	Hartweizengrieß
5	Eigelb
1 EL	Olivenöl
2 EL	Wasser
	Salz
	Kartoffelfüllung
4	mittelgroße Kartoffeln, mehlig kochend
50 g	Butter
2 TL	Speisestärke
	Salz, Pfeffer aus der Mühle
	Muskatnuss

Für den Teig Mehl und Grieß vermischen, Eigelbe mit Wasser, Olivenöl und einer Prise Salz leicht anschlagen. Dann alles miteinander verrühren und eine Stunde im Kühlschrank ruhen lassen. Für die Füllung Kartoffeln schälen, in Salzwasser kochen, abschütten und gründlich ausdampfen lassen. Durch die Kartoffelpresse drücken, Butter und Speisestärke zufügen und mit Salz, Pfeffer und frisch geriebener Muskatnuss abschmecken. Den Teig halbieren, zu zwei Platten ausrollen und mit etwas Eigelb bestreichen. Etwa walnussgroße Kartoffelnocken aufsetzen und mit der anderen Nudelschicht verschließen. Nun die Ravioli ausstechen und in kochendem Salzwasser ca. 2 Minuten ziehen lassen. Danach nochmals kurz in Butter schwenken und auf dem Kohlrabigemüse anrichten. Mit etwas fein gehacktem Schnittlauch bestreuen.

Die Rezeptvariante ist nicht bei Glutenunverträglichkeit geeignet.

Die Adelige unter den Knollen

„Die blau gefärbte Edelknolle – meine Favoriten sind die Sorten Vitelotte oder Truffe de Chine (Chinatrüffel) – überzeugt nicht nur durch ihren besonderen Geschmack, der in seinem Charakter deutlich an Esskastanien erinnert, sondern auch als willkommener Farbakzent auf dem Teller. Ihr feines, nussartiges Aroma passt hervorragend zur süß-sauren Komponente. Übrigens eignet sie sich auch bestens im Kartoffelsalat oder als blaues Püree.“

Mehr Sein als Schein

„Eher etwas Süßes oder vielleicht doch lieber etwas Herzhaftes zum Dessert? Für den verwöhnten Gaumen, der sich dieser Entscheidung zum krönenden Abschluss eines gelungenen Menüs einfach nicht stellen mag, bietet meine Kreation aus würzigen Käsetalern und aromatischer, süßfruchtiger Beigabe die rettende Antwort."

Zutaten für 4 Personen

200 g	Blauschimmelkäse[1] (z. B. Fourme d'Ambert)
200 g	Ziegenfrischkäse[1] (z. B. Picandou oder St. Maure)
2 EL	Birnen- oder Feigensenf (aus dem Glas)
1	Kerbelzweig
2	feste Birnen
100 ml	Portwein, rot
1 EL	Zucker
1	Gewürznelke
1	Sternanis

Das Rezept ist vegetarisch und glutenfrei.

1 Eine laktosefreie Variante finden Sie auf den folgenden Seiten.

Warmes Törtchen von zweierlei Käse

mit Portweinbirnen

Zubereitung

ca. 30 Minuten
zzgl. Marinierzeit der Birnenkugeln

Birnen schälen, Kerngehäuse entfernen und mit einem Parisienne-Ausstecher (Kugelaus-
2
stecher) kleine Kugeln formen.

Portwein mit **Zucker**, **Nelke** und **Sternanis** kurz aufkochen. Etwa auf Zimmertemperatur
100 ml 1 EL 1 1
abkühlen lassen, die Birnenkugeln damit übergießen und etwa 3 Stunden ziehen lassen.

Den **Käse** mit einer Form rund ausstechen. Auf je einen Ziegenfrischkäsetaler einen
je 200 g
Blauschimmelkäsetaler setzen, die Oberfläche mit **Birnen- oder Feigensenf** bestreichen.
2 EL
Auf einem Backblech im vorgeheizten Ofen (80 °C, keine Umluft) für etwa 20 Minuten warm stellen.

Portweinbirnen kurz anwärmen, abschließend mit dem Käsetörtchen anrichten und mit etwas **Kerbel** dekorieren.

Warmes Törtchen von zweierlei Käse
mit Portweinbirnen

Weinempfehlung

Ein lokaler Wein zu einer lokalen Speise. Ein Satz, der oft seine Bedeutung beim Zusammenspiel zwischen Wein und Speise hat. Ein Chenin Blanc mit einer leichten Restsüße, die aber nicht spürbar sein muss, bietet sich an. Orte wie Anjou, Montlouis, Saumur, Savennières und natürlich auch Vouvray verkörpern diese Spielart perfekt. Die meisten südafrikanischen oder chilenischen Chenin Blancs wirken gegen die Leichtfüßigkeit der Chenin Blancs von der Loire meist wie plumpe Vertreter.

Alternativ wirkt ein eleganter Gewürztraminer aus dem Elsass wie ein wahres Wunder. Die reife Birne mit dem Cremigen des Ziegenkäses lässt sich ideal von einem Gewürztraminer begleiten.

Laktosefreie Variante

Warmes Törtchen von Pumpernickel und Feigen mit Portweinbirnen

Statt Käse Pumpernickel mit geschnittenen Feigen belegen, mit Feigensenf bestreichen und im Ofen bei starker Hitze karamellisieren. Diese Variante ist allerdings nicht glutenfrei.

02 Menü

Vorspeise

Knuspersandwich vom Thunfisch
mit Pfifferlings-Pesto und Avocado-Dip

Hauptgericht

Maultaschen von Sellerie und Sauerkirschen
mit Perlhuhnbrust im Thymian-Sherry-Sud

Nachspeise

Warmer Schokoladenkuchen
mit Sorbet und Anisapfel

Knuspersandwich vom Thunfisch

mit Pfifferlings-Pesto und Avocado-Dip

Für Häppchenjäger

„Wie so oft verbirgt sich hinter einer rauen Schale ein weicher Kern ... So auch bei diesem leichten Sommergericht, das sich übrigens auch gut für ein nettes Picknick zu zweit eignet ...“

Zutaten für 4 Personen

400 g	Thunfischfilet[1], frisch
1	Baguette, gefroren
1 Bund	Petersilie, glatt
2 EL	Olivenöl
200 g	Pfifferlinge, mittelgroß
5	Kirschtomaten
etwas	Salatdressing (siehe Basics S. 181)
etwas	Spinat
	Salz, Pfeffer aus der Mühle
2	Avocados, reif
	Saft einer Zitrone
	Fleur de Sel
etwas	Sweet Chili for Chicken Sauce (zum Garnieren)

Das Rezept enthält Gluten, ist aber laktosefrei.

1 Eine vegetarische Variante finden Sie auf den folgenden Seiten.

Knuspersandwich vom Thunfisch

mit Pfifferlings-Pesto und Avocado-Dip

Zubereitung

ca. 40 Minuten

Baguette am Vortag einfrieren.

Die **Pfifferlinge** (200 g) putzen, waschen und fein hacken. **Kirschtomaten** (5) enthäuten und vierteln. **Spinat** (einige Blätter) in feine Streifen schneiden. Alles mit dem **Dressing** vermischen, mit **Salz** und **Pfeffer** abschmecken und in der Tellermitte anrichten.
Das gefrorene **Baguette** (1) auf der Aufschnittmaschine in hauchdünne Scheiben schneiden.
Thunfisch (400 g) portionieren, mit ein wenig süßer **Chilisauce** bestreichen, mit **Petersilienblättern** (1 Bund) belegen und abschließend mit den dünnen Baguettescheiben umkleiden.
Die Sandwiches in wenig heißem **Olivenöl** (2 EL) von jeder Seite ca. 2 Minuten scharf anbraten (in einer beschichteten Pfanne) und dann ruhen lassen.
Avocados (2) schälen, entkernen und sofort mit **Zitronensaft** (aus 1 Zitrone) behandeln, damit das Fruchtfleisch nicht braun wird. Mit Zitronensaft und Salz im Mixbecher pürieren.
Abschließend das Sandwich auf dem rohen Pfifferlingssalat anrichten und mit dem Avocado-Dip und etwas Chilisauce garnieren.

Tipp!
Dieses leichte Sommergericht schmeckt auch kalt wunderbar und eignet sich daher sehr gut zum Vorbereiten.

Tipp!
Die Qualitätsstufen beim Thunfisch reichen von Sashimi- oder Sushi-Qualität bis zum Dosenfleisch.
Top-Sushi-Qualitätsmerkmale sind:
Festigkeit – je fester, umso besser
Farbe – von leuchtend rot bis braun
Fettgehalt – je mehr Fett, um so zarter.

Weinempfehlung

Das Gericht wird bestimmt durch eine dezente Leichtigkeit. Durch das Pesto und den Dip kommt das Gericht mit komplexen Aromen auf den Teller. Deshalb passt ein kraftvoller Grüner Veltliner aus dem Kamptal/Österreich oder Kremstal/Österreich. Diese werden meist nicht wie Grüner Veltliner aus der Wachau durch Süße und Reife bestimmt, sondern sie besitzen nervige Tiefe, die sich mit der Ölig- und Cremigkeit der Avocado und des Pestos verbinden. Suchen Sie nicht nach der absoluten Opulenz, sondern versuchen Sie, einen Wein auszusuchen, der die Leichtigkeit eines frischeren Weines besitzt, aber auch die Fülle und Tiefe eines „großen Gewächses".

Alternative: Ein blumig-kraftvoller, nicht von der Fruchtigkeit getragener Sauvignon Blanc von der Loire/Frankreich hat ebenfalls seine Wirkung. Das große Meer an belanglosen Tankstellen-Sauvignon-Blancs von der Loire, zum Beispiel aus Sancerre, Pouilly Fume, Menetou-Salon, Quincy oder Reuilly, ist so groß, dass es schwer fällt, einen guten herauszufiltern. Wenden Sie sich an Ihren kompetentesten Weinhändler und vergleichen Sie.

Vegetarische Variante

Knuspersandwich vom Räuchertofu mit Pfifferlings-Pesto

Die Zubereitung ändert sich nur insoweit, dass der Thunfisch durch eine Scheibe Räuchertofu ersetzt wird. Räuchertofu ist intensiver im Geschmack als Naturtofu. Originalrezept und vegetarische Variante enthalten im Toastbrot Gluten. Beide sind laktosefrei.

Das Große im Kleinen

„Diese Maultaschen sind für mich so etwas wie das ‚Überraschungs-Ei' unter den Nudeln. Die Sauerkirschen entfalten im Mund ihr volles Aroma und passen perfekt zum milden Sellerie."

Zutaten für 4 Personen

	Maultaschen
16 Scheiben	Wan-Tan-Teig (TK, z. B. aus dem Asia-Shop)
1	dicke Sellerieknolle
4 EL	getrocknete Sauerkirschen (z. B. von Bos Food)
1 EL	Butter[1]
etwas	Zitronensaft
1	Eiweiß
100 ml	Portwein (zum Einweichen der Kirschen)
	Salz, Pfeffer aus der Mühle
	frische Muskatnuss
	Thymian-Sherry-Sud
200 ml	Sherry, Dry, Medium oder Cream
500 ml	Geflügelbrühe, aus dem Glas (oder siehe Basics S. 182)
200 ml	dunkler Kalbsfond, aus dem Glas (oder siehe Basics S. 182)
2	Thymianzweige
1 EL	Butter[1]
	schwarzer Pfeffer aus der Mühle
	Perlhuhnbrüste
4	Perlhuhnbrüste[2]
1 EL	Butterschmalz[3]
	Salz, Pfeffer aus der Mühle

Das Rezept ist nicht laktosefrei und nicht glutenfrei.

1 Bei Laktoseintoleranz durch laktosefreie Butter ersetzen (siehe S. 188).

2 Eine vegetarische Variante finden Sie auf den folgenden Seiten.

3 Bei Laktoseintoleranz je zur Hälfte durch laktosefreie Butter und Pflanzenöl ersetzen.

Maultaschen von Sellerie und Sauerkirschen

mit Perlhuhnbrust im Thymian-Sherry-Sud

Tipp!
Wan-Tan-Blätter sind als Nudelteig die bequemste und unkomplizierteste Art, frische Maultaschen zuzubereiten. Der Teig ist sehr einfach zu handhaben, weil die einzelnen Blätter mehliert sind und nicht kleben. Sie haben die ideale Stärke und schließen das Gargut optimal ein.

Zubereitung

ca. 1 Stunde
zzgl. Vorbereitungszeit gemäß Rezept

Maultaschen

Sauerkirschen (4 EL) ca. 30 Minuten in rotem **Portwein** (100 ml) einweichen. **Sellerie** (1) schälen und in kleine Würfel schneiden, dann in **Salz-Zitronenwasser** ca. 15 Minuten blanchieren.
Gut abtropfen lassen und anschließend im Mixbecher mit **Salz**, **Pfeffer**, **Butter** (1 EL) und etwas geriebener **Muskatnuss** pürieren.
Die **Wan-Tan-Blätter** (16 Scheiben) ausbreiten und an den Rändern mit **Eiweiß** (1) bestreichen; mit Selleriepüree und Sauerkirschen füllen und zu einem Dreieck verschließen.

Thymian-Sherry-Sud

Mit **Sherry** (200 ml), **Brühe** (500 ml) und **Thymian** (2 Zweige) einen Sud aufsetzen, in dem die Maultaschen bei ca. 80 °C etwa 2 Minuten ziehen. Den Sud durch ein feines Sieb gießen, **Kalbsfond** (200 ml) hinzufügen und bei starker Hitze reduzieren.
Mit etwas kalter **Butter** (1 EL) zu einer samtigen Sauce abbinden und mit **Pfeffer** abschmecken.

Perlhuhnbrüste

Perlhuhnbrüste (4) mit **Salz** und **Pfeffer** würzen, auf der Hautseite in **Butterschmalz** (1 EL) scharf anbraten und anschließend im vorgeheizten Ofen (180 °C) ca. 15 bis 20 Minuten auf einem Gitter garen.

Kurz vor dem Servieren die Maultaschen in einer gebutterten Pfanne schwenken. Abschließend die Perlhuhnbrust mit der Sauce und den Maultaschen anrichten und mit etwas frischem Thymian dekorieren.

Maultaschen von Sellerie und Sauerkirschen

mit Perlhuhnbrust im Thymian-Sherry-Sud

Weinempfehlung

Auch wenn diese Maultaschen nicht ganz so klassisch in der Zubereitung sind, passt Pinot Noir/Spätburgunder aus Baden sehr gut dazu. Lassen Sie sich nicht durch die Farbe eines Weines täuschen. Auch wenn die meisten Pinots eher hell als tiefdunkel in der Farbe sind, besitzen Sie durch ihre Weiblichkeit meist eine wilde Bestimmtheit auf ihre Anliegen. Die Herren unter den Lesern wissen, was ich meine. Pinot Noir gehört mit zu den größten Weinen der Welt, nur leider stimmt hier der Spruch „Qualität hat ihren Preis". Deshalb versuchen Sie eine entsprechende Weinqualität zu diesem Gericht zu servieren. Die Komplexität des Pinots wird perfekt mit dem Thymian-Sherry-Sud einhergehen.

Alternativ darf es ein reinsortiger Sangiovese sein. Zum Beispiel reinsortiger Chianti Classico aus der Toskana besticht meist wie Pinot Noir durch Feinheit und, wenn gut, nicht aufhören wollende Eleganz. Leider darf ein Chianti Classico auch mit Syrah, Cabernet Sauvignon oder Merlot geschminkt werden. Diese Art von Chianti Classico würde aber durch die Wuchtigkeit der drei großen internationalen Rebsorten das Essen auseinanderschlagen.

Vegetarische Variante

Maultaschen von Sellerie und Sauerkirschen mit gefüllten Borlotti-Birnen im Thymian-Portwein-Sud

Zutaten für 4 Personen

4	Williams-Christ-Birnen
500 ml	Portwein, weiß
2 EL	Zucker
2	Pimentkörner
1	Lorbeerblatt, klein
2–3	Nelken
2 Zweige	Thymian
	Für die Bohnenpaste
200 g	Borlotti-Bohnen
1 Zweig	Bohnenkraut, gehackt
500 ml	Gemüsebrühe
	Salz, Pfeffer aus der Mühle

Die Birnen schälen, den Zucker in einem Topf leicht karamellisieren und mit dem Portwein ablöschen, alle Gewürze zufügen und den Portwein einmal aufkochen. Die geschälten Birnen halbieren und mit einem Löffelausstecher entkernen, in den Portwein legen und bei schwacher Hitze 1/2 Stunde ziehen lassen. Währenddessen die Bohnen in der Gemüsebrühe mit dem Bohnenkraut weich kochen, in ein Sieb abseihen und in einem Mixer mit ein wenig Brühe und Portwein-Sud zu einer homogenen Paste pürieren. Mit Salz und Pfeffer würzen. Die Birnen aus dem Sud herausholen und mit der Borlotti-Creme füllen. In einem tiefen Teller mit den Maultaschen und ein wenig Portwein-Sud servieren.

Fleur de Sel

Fleur de Sel („Salzblume“) entsteht nur an heißen und windigen Tagen als hauchdünne Schicht an der Wasseroberfläche und wird in Handarbeit mit einer Holzschaufel abgeschöpft. Das Salz kommt immer unbehandelt in den Handel.

Gourmets schätzen seinen Geschmack, der durch Calcium- und Magnesiumsulfat-Anteile bestimmt wird, die im Steinsalz nicht enthalten sind.

Fleur de Sel
de GUÉRANDE

Warmer Schokoladenkuchen

mit Sorbet und Anisapfel

Götterspeise

„Der Kakaobaum trägt den botanischen Namen 'Theobroma cacao' (aus dem Griechischen) und heißt übersetzt ‚Speise der Götter'. Mit diesem Schokoladenrezept bereiten Sie nicht nur ‚Schokoholics' ein göttliches Vergnügen ..."

Zutaten für 4 Personen

Sorbet

280 g	Schokolade[1] (nach Geschmack)
300 ml	Läuterzucker (siehe Basics S. 186)
300 ml	Milch[1]
5 cl	Wodka

Anisapfel

2	Äpfel (Boskoop)
100 ml	Weißwein
50 g	Zucker
2	Sternanis

Schokoladenkuchen

165 g	dunkle Premium-Schokolade[1] (oder Kuvertüre)
75 g	Butter[1]
60 g	Haselnussmehl[2]
60 g	Speisestärke[2]
5	Eigelb
5	Eiweiß
45 g	Zucker

1 Bei Laktoseintoleranz siehe Rezeptvariante auf den folgenden Seiten.
2 Nussmehle und Speisestärke enthalten in der Regel kein Gluten.

Warmer Schokoladenkuchen

mit Sorbet und Anisapfel

Zubereitung

ca. 40 Minuten
zzgl. Gefrierzeit des Sorbets

Sorbet

Schokolade 280 g zerkleinern und im Wasserbad schmelzen. Mit **Läuterzucker,** 300 ml **Milch** 300 ml und **Wodka** 5 cl schaumig schlagen, dann in die Eismaschine geben oder in einer Metallschüssel unter häufigem Rühren frieren.

Anisapfel

Weißwein, 100 ml **Zucker** 50 g und **Sternanis** 2 kurz aufkochen und dann abkühlen lassen. **Äpfel** 2 schälen und dann in kleine Würfel schneiden, nachdem das Kerngehäuse entfernt wurde. Den lauwarmen Fond darübergießen und etwa 30 Minuten ziehen lassen.

Schokoladenkuchen

Schokolade 165 g zerkleinern und mit der **Butter** 75 g im Wasserbad schmelzen. Die **Eigelbe** 5 ebenfalls im Wasserbad warm verrühren und dann zu der flüssigen Schokolade geben. Das mit dem **Zucker** 45 g steif geschlagene **Eiweiß** 5 zusammen mit dem **Haselnussmehl** 60 g und der **Speisestärke** 60 g unter die noch warme Schokoladenmasse heben. In gebutterte Förmchen füllen und im vorgeheizten Ofen bei 180 °C ca. 15 Minuten backen.

Das Sorbet frühzeitig antauen und alles zusammen anrichten.

Tipp!
Man spürt die Schokolade warm und kalt – das optimale Rezept für Schoko-Liebhaber. Ich empfehle sogar, auch noch eine gute heiße Schokolade dazu zu trinken.

Weinempfehlung

Die dunkle Schokolade verlangt nach einem feinen, aber bestimmten, roten Süßwein. Aufgespritete Süßweine aus Deutschland, Österreich, Süd- und Westfrankreich oder dem Norden Spaniens haben zur Schokolade die richtige Wirkung. Eine feine Süße und eine engporige Säure sind sehr wichtig. Die Aromen, die an rote, eingekochte Früchte erinnern, tun dann ihr übriges. Ein Portwein aus dem Douro-Tal wirkt meist zu fett und kraftvoll. Der Süßwein sollte auf der Fruchtigkeit gebaut sein, sodass er fast tänzerisch leicht zu spüren ist.

Alternative: Alle begleitenden Weinempfehlungen in diesem Kochbuch sind Beschreibungen von Stilen, die zu den einzelnen Gerichten passen. Als Alternative zu einem roten, eleganten Süßwein passt Andrew Quady's (Madera/Kalifornien, USA) einzigartiger „California Orange Muscat – Essensia". Der ebenfalls aufgespritete, weiße Süßwein erinnert so sehr an Orangen, dass man denkt, jemand hätte Orangen in diesem Wein eingelegt. Die Muskatspielart „California Orange Muscat" duftet herrlich nach Weihnachten, Gebäck und orientalischen Gewürzen. Dieser Wein, egal zu welcher dunklen Schokoladensüßspeise, ist immer ein „Knaller" (Bezug: Kössler & Ulbricht, 0911 / 525153, www.weinhalle.de).

Laktosefreie Rezeptvariante

Die Zubereitung ohne Laktose ist möglich. Verwenden Sie hierzu laktosefreie Butter und laktosefreie Milch. Laktosefreie Voll-Schokolade bekommen Sie – leider nicht ganz billig – aus Schafsmilch, z. B. über www.schafschoki.de. Dunkle, also Zartbitter-Schokolade, ist sowieso meist laktosefrei. Sehen Sie einfach auf die Verpackung, ob Kuhmilch enthalten ist.

Rezept und Rezeptvariante sind vegetarisch.

03 Menü

Vorspeise

Artischocken-Tomaten-Ragout
mit Tiroler Speck im Lasagne-Blatt

Hauptgericht

Krosser Zander mit Mango-Sauerkraut
im Rieslingschaum

Nachspeise

Tonkabohnen-Crème-brulée
mit Erdbeeren und Joghurtsorbet

Artischocken-Tomaten-Ragout

mit Tiroler Speck im Lasagne-Blatt

Für Hochstapler

„Frisch, würzig und gesund – was will man mehr. Zugegeben, es macht ein bisschen Arbeit, aber das Ergebnis ist alle Mühe wert!“

Zutaten für 4 Personen

Nudelteig

180 g	Mehl[1]
180 g	Hartweizengrieß[1]
2	Eigelb
1	Ei
20 ml	Wasser
1 EL	Olivenöl
	Salz

Artischocken-Tomaten-Ragout

200 g	Tiroler Speck[2]
2	große Artischocken
2	große Tomaten
200 ml	Kalbsfond[2], hell (aus dem Glas oder siehe Basics S. 182)
2 EL	Olivenöl
1 EL	Butter[3]
1 EL	Wasser
	Salz, Pfeffer aus der Mühle
	Kräuter nach Belieben

1 Um das Rezept glutenfrei zu machen, empfehlen wir, glutenfreie Lasagne-Blätter im Reformhaus oder im Internet zu bestellen.
2 Eine vegetarische Variante finden sie auf den folgenden Seiten.
3 Bei Laktoseintoleranz durch laktosefreie Butter ersetzen (siehe S. 188).

Artischocken-Tomaten-Ragout

mit Tiroler Speck im Lasagne-Blatt

Zubereitung

ca. 60 Minuten

Nudelteig

Ei 1 und **Eigelbe** 2 mit einer Prise **Salz**, **Wasser** 20 ml und **Olivenöl** 1 EL aufschlagen, dann mit **Mehl** 180 g und **Hartweizengrieß** 180 g vermischen und gründlich durchkneten.
Den Teig etwa 30 Minuten in Frischhaltefolie gewickelt im Kühlschrank ruhen lassen. Anschließend auf einer Nudelmaschine in vier breite Teigbahnen ausrollen. Dann mit einer Ringform Kreise mit ca. 10 cm Durchmesser ausstechen und in sprudelnd kochendem Wasser blanchieren.

Artischocken-Tomaten-Ragout

Die **Artischockenböden** 2 von Blättern und Heu befreien und in feine Würfel schneiden. **Tomaten** 2 häuten und würfeln. **Speck** 200 g ebenfalls würfeln und zusammen mit den Artischockenwürfeln in einer Pfanne anschwitzen. Dann mit dem **Kalbsfond** 200 ml ablöschen und bei mittlerer Hitze etwas reduzieren. Mit **Salz** und **Pfeffer** abschmecken und mit dem **Olivenöl** 2 EL abbinden; zum Schluss die gewürfelten Tomaten zufügen.
Die blanchierten Nudelscheiben in einer beschichteten Pfanne mit wenig **Butter** 1 EL und **Wasser** 1 EL warm ziehen lassen. Abschließend abwechselnd mit dem Artischocken-Tomaten-Ragout anrichten (mindestens drei Schichten übereinander) und mit frischen **Kräutern** garnieren.

Tipp!
Tiroler Speck hat einen sehr dezenten Eigengeschmack und ist nicht zu salzig (etwa 5 % Salzgehalt; Schwarzwälder ca. 13 %). Sein besonderes Aroma entfaltet er am besten, wenn er kalt oder mit mäßig temperierten Speisen kombiniert wird. Zu verschiedenen Obstsorten, beispielsweise Melonen, Feigen oder Aprikosen, aber auch zu Spargel, Gemüse und Salat ist er ein idealer Partner.

Weinempfehlung

Die trocken ausgebaute Variante des Themas Gewürztraminer. Eine wunderbare Rebsorte, leider völlig unpopulär. Ausgezeichneter Essensbegleiter zu zahlreichen satten Speisen und Kombinationen; der Phantasie sind keine Grenzen gesetzt. Besitzt durch seinen Duft welker Rosenblätter und Anklänge an Moschus ungewöhnliche Aromenintensität. Immer wieder findet man in Baden, der Pfalz oder in Rheinhessen sehr gute Vertreter dieser Spielart von Wein.

Alternative: Viognier! Hell-goldgelb strahlt der Wein im Glas. Aromatisch opulent, strukturell cremig und dicht, mit komplexem, intensivem Fruchtbouquet nach reif-gelblich wirkt er ungewohnt und exotisch. Viognier muss was kosten! Hochwertige Viogniers fordern vom Winzer Arbeit. Extrem steinige Böden wie an der Nord-Rhône – hier fühlt sich der Viognier wohl. Hier bekommt er seine einzigartige Aromatik, die sich mit der Tomate und dem Speck ergänzt.

Vegetarische Variante

Artischocken-Tomaten-Ragout mit Waldpilz-Schalotten-Panache im Lasagne-Blatt

Für Vegetarier lassen wir den Speck weg und ersetzen ihn durch ein Waldpilz-Schalotten-Panache.

Zutaten für 4 Personen

250 g	gemischte Waldpilze
200 g	Schalotten
	Olivenöl, Meersalz

Die Waldpilze in kleine Würfel schneiden und in einer heißen Pfanne in Olivenöl kross anbraten, anschließend die gewürfelten Schalotten zufügen und solange im Fett mit den Pilzen auslassen, bis sie weich und glasig sind. Das Panache auf ein Sieb schütten und das überschüssige Fett ablassen, mit Meersalz würzen. Vor dem Servieren unter das Artischocken-Tomaten-Ragout mischen.

Den Kalbsfond beim Artischocken-Tomaten-Ragout durch Gemüsebrühe ersetzen.

Artischocken

Artischocken aussuchen

Frische Artischocken erkennen Sie über den „Daumentest“ – das heißt, auf Druck gibt die Schale ein bisschen nach. Der Stiel darf knackig-grün und stachelig sein. Bräunliche und braune Blätter signalisieren: Achtung, alt! Im Kühlschrank hält sich die Artischocke etwa eine Woche lang. Nicht neben Tomaten lagern!

Artischocken putzen

Die Artischocke an der Unterseite durchschneiden, um den Boden freizulegen. Mit einem Esslöffel das stachelige Heu herauskratzen und den Boden immer wieder in Zitronenwasser tauchen, damit er nicht dunkel wird. Danach die restlichen Blätter abschneiden. Den Boden dann entweder in Würfel schneiden oder mit einem Trüffelhobel in feine Streifen hobeln.

Du isst Deutschland

„Sauerkraut und Riesling sind nun wirklich typisch deutsch – kombiniert mit der exotischen Mango ... Dazu fällt mir immer das Motto der Fußball-Weltmeisterschaft 2006 ein: ‚Zu Gast bei Freunden‘. Was dabei herauskommt, ist ein großes Ereignis!“

Zutaten für 4 Personen

Mango-Sauerkraut

500 g	Sauerkraut, möglichst lose (z. B. vom Metzger)
200 ml	Gemüse- oder Kalbsfond, hell (aus dem Glas oder siehe Basics S. 182)
1	große Gemüsezwiebel
1	reife Mango
2 EL	Crème fraîche[1]
2	Lorbeerblätter
Schuss	Sekt oder Wasser
1 EL	Butter[2]
	Salz, Pfeffer aus der Mühle

Rieslingschaum

200 ml	Fischfond (aus dem Glas oder siehe Basics S. 182)
150 ml	Sahne[2]
150 ml	Riesling
etwas	Zitronensaft
	Salz, Pfeffer aus der Mühle

Zander

1	ganzer Zander[3], ca. 1 bis 1,5 kg
etwas	Mehl[4] zum Bestäuben
	Salz, Pfeffer aus der Mühle
2 EL	Butterschmalz[5]

1 Laktosefreie Variante: Soja-Cuisine von alpro soja.
2 Bei Laktoseintoleranz durch laktosefreie Produkte ersetzen (siehe S. 188).
3 Eine vegetarische Variante finden sie auf den folgenden Seiten.
4 Das Rezept ist glutenfrei, wenn Sie das Mehl weglassen oder durch Buchweizenmehl ersetzen.
5 Bei Laktoseintoleranz je zur Hälfte durch laktosefreie Butter und Pflanzenöl ersetzen.

Krosser Zander

mit Mango-Sauerkraut im Rieslingschaum

Zubereitung — ca. 1 Stunde

Mango-Sauerkraut

Die **Mango** 1 schälen und entkernen, mit etwas **Wasser** in einem Mixbecher pürieren. **Zwiebel** 1 schälen und fein würfeln, in einem Topf anschwitzen. Dann das **Sauerkraut** 500 g kurz dazugeben und mit dem **Fond** 200 ml ablöschen. Zusammen mit den **Lorbeerblättern** 2 30 bis 40 Minuten köcheln lassen. Mangopüree und **Crème fraîche** 2 EL untermischen und mit **Salz** und **Pfeffer** abschmecken. Wer möchte, kann das Kraut noch mit einem Schuss **Sekt** verfeinern.

Rieslingschaum

Fischfond 200 ml und **Riesling** 150 ml zusammen aufkochen und auf die Hälfte reduzieren lassen. Dann **Sahne** 150 ml hinzufügen, mit **Salz**, **Pfeffer** und **Zitronensaft** abschmecken. Die Sauce kurz vor dem Servieren mit einem Pürierstab aufschäumen.

Zander

Den **Fisch** ca. 1–1,5 kg gründlich unter kaltem Wasser abspülen, filetieren und von Gräten befreien. Die Haut in Abständen von 1 cm schräg einritzen, auf beiden Seiten mit **Salz** und **Pfeffer** würzen und auf der Hautseite ganz leicht mit etwas **Mehl** bestäuben. Dann in einer Pfanne kross braten, zuerst auf der Hautseite (ca. 6 Minuten), dann auf der anderen Seite (ca. 2 Minuten).

Das Zanderfilet in einem tiefen Teller auf dem Mango-Sauerkraut anrichten und mit dem Rieslingschaum umgießen.

Als Beilage empfehle ich Grießstrudel (siehe Basics S. 183) oder Kartoffeln.

Tipp!
Warum die Kombination Sauerkraut und Zander?
Das Sauerkraut wird in Verbindung mit dem
Mangopüree sehr schön mild und die süß-saure
Note passt ausgezeichnet zum Fisch.

Krosser Zander
mit Mango-Sauerkraut
im Rieslingschaum

Tipp!
Weshalb ich lieber ganze Fische kaufe?
Beim Kauf eines ganzen Fisches habe ich grundsätzlich mehr Kontrolle über dessen Frische. Filetware liegt oft zu lange ungeschützt auf Eis und saugt sich mit Wasser voll, das beim Braten wieder austritt. Es empfiehlt sich, den Fisch, nachdem Sie ihn zuvor als Ganzes in Augenschein genommen haben, beim Händler Ihres Vertrauens filetieren und entgräten zu lassen, denn als erstes müssen die Rückenstacheln entfernt werden! Diese sind nämlich giftig und können bei Hautkontakt zu Entzündungen führen.

Weinempfehlung

Mango und Rieslingschaum, dazu das süß-saure Spiel des Sauerkrauts. Das verlangt nach einem opulent-verschwenderischen Riesling mit Power und Fülle. Einige der deutschen Rieslinge, die zum Beispiel nach den Statuten des VDP (Verband der Prädikatsweingüter) erzeugt wurden, liefern Mineralik, Mineralik, Mineralik. Die entsprechende Frische, gepaart mit Kraft und Tiefe, begeistert alleine oder auch in Kombination mit dem richtigen Essen.

Alternative: Nicht nur die Deutschen können feinporig-eleganten Riesling machen. Aus dem Elsass gibt es Rieslinge, die durch eine geschickt eingewebte Säurestruktur und eine schier nicht enden wollende Kraft sehr gut mit Exotik und Bodenständigkeit umgehen können.

Vegetarische Variante

Krosser Fenchel mit Mango-Sauerkraut

Für Vegetarier unter Ihren Gästen kann der Zander durch Fenchel ersetzt werden.

Zutaten für 4 Personen

2	Fenchelknollen
2	Dillzweige
2	Fenchelgrünzweige
1	Ei
3 EL	Haselnussmehl
30 g	geriebener Parmesan
3 EL	Olivenöl
	Salz
	Pfeffer

Die Fenchelknollen waschen und putzen, das Grün beiseite legen. Den Fenchel auf einer Aufschnittmaschine in 0,5 cm dicke Scheiben schneiden und in Salzwasser bissfest blanchieren. Das Ei verquirlen und den geschnittenen Dill und Fenchelgrün zufügen, den Parmesan vorsichtig unterheben. Die Fenchelscheiben auf einem Küchentuch abtropfen und in dem Haselnussmehl wenden, anschließend in die Eimasse tauchen und in einer beschichteten Pfanne in Olivenöl ausbacken. Bei Bedarf mit Salz und Pfeffer würzen. Die krossen Fenchelscheiben auf dem Sauerkraut servieren.

Tonkabohnen-Crème-brulée

mit Erdbeeren und Joghurtsorbet

Der Sündenfall

„Eine knackige Knusperkruste auf zarter Crème, dazu ein leichtes Joghurtsorbet und mit Schokolade überzogene Erdbeeren ... Das ist die pure Verführung und auf jeden Fall eine Sünde wert!“

Zutaten für 4 Personen

Joghurtsorbet

500 ml	Joghurt[1]
200 ml	Crème fraîche[2]
300 ml	Läuterzucker (siehe Basics S. 186)
	Saft einer Zitrone

Tonkabohnen-Crème-brulée

190 ml	Vollmilch[1]
210 ml	Sahne[1]
7	Eigelb
100 g	Zucker
1	Vanilleschote
½	Tonkabohne (aus der Apotheke oder über Bos Food)

Schoko-Erdbeeren

500 g	dicke Erdbeeren
300 g	Kuvertüre[1]

Das Rezept ist vegetarisch und glutenfrei.

1 Bei Laktoseintoleranz durch laktosefreie Produkte ersetzen (siehe S. 188).

2 Laktosefreie Variante: Soja-Cuisine von alpro soja.

Tonkabohnen-Crème-brulée

mit Erdbeeren und Joghurtsorbet

Zubereitung

ca. 50 Minuten
zzgl. Gefrierzeit des Sorbets

Joghurtsorbet

Joghurt 500 ml mit **Crème fraîche** 200 ml verrühren, nach Geschmack mit dem **Läuterzucker** 300 ml süßen und mit **Zitronensaft** abschmecken. Dann in die Eismaschine geben oder unter häufigem Rühren in einer Metallschüssel frieren.

Tonkabohnen-Crème-brulée

Eigelbe 7 nur kurz mit dem **Zucker** 100 g verrühren – nicht aufschlagen. **Milch** 190 ml und **Sahne** 210 ml kurz aufkochen, etwas abkühlen lassen und vorsichtig in die Eimasse gießen. **Vanilleschote** 1 längs aufschneiden und mit dem ausgekratzten Vanillemark und der geriebenen **Tonkabohne** ½ würzen. Dann in feuerfeste Förmchen geben und im vorgeheizten Ofen bei ca. 100 °C etwa 1 Stunde ziehen lassen. Danach mit Zucker bestreuen und mit einem Brenner karamellisieren.

Schoko-Erdbeeren

Kuvertüre 300 g zerkleinern und im Wasserbad schmelzen. **Erdbeeren** 500 g waschen und so halbieren, dass der Strunk daranbleibt, dann in die flüssige Schokolade tauchen und auf einem Gitter auskühlen lassen.

Abschließend zusammen anrichten und mit einigen frischen Erdbeeren garnieren.

Tipps!

Sorbets ohne Eismaschine
Auch ohne eigene Eismaschine geht das wunderbar: Die Sorbetmasse in eine Metallschüssel füllen, weil diese die Temperatur gut weitergibt. Dann im Gefrierfach frieren und ab und zu durchrühren, damit die Masse nie ganz fest wird.

Das Besondere an Tonkabohnen
Die Tonkabohne verleiht der Crème ein sanftes Bittermandelaroma – man sollte sie jedoch sehr sparsam verwenden, da sie blutverdünnend und aphrodisierend sein soll ...

Alternativen zu frischen Erdbeeren
Erdbeeren schmecken nur in der Saison wirklich gut und man sollte sie auch nur dann kaufen. Als Alternative eignen sich jedoch auch sehr gut eingekochte Birnen oder Äpfel.

Weinempfehlung

Welch sinnliche Aromen betören die Nase: Eine Scheurebe, die sich in Österreich auch Sämling nennt, erinnert im klassischen Sinne an Passionsfrucht, Maracuja, Litschi. Zudem spürt man im Glas mineralisch-rauchige Noten, sodass man am liebsten darin eintauchen und ein Aromenbad genießen möchte. Welch feinrassiges Säurespiel, welche Frische, welch exotischer Früchtekorb und welch mineralische Strahlkraft betören die Zunge. Scheurebe, idealerweise aus Rheinhessen, mit Erdbeeren und Tonkabohne betört und leider ist die Flasche meist viel zu schnell leer.

Alternative: ein Riesling von der Saar oder der Ruwer. Diese beiden Gebiete lassen den Riesling nicht schwer und behäbig wirken, sondern geben ihm ein seidiges Säurerückgrat, sodass der Wein vibrierend und mineralisch im Mund aufgeht.

Tonkabohnen

Den mandelförmigen Samen des Tonkabaums wird eine hypnotisch erotisierende Wirkung nachgesagt. Vielleicht finden sie deshalb häufig Verwendung bei der Herstellung von Herrenparfums ...

Fest steht jedenfalls, dass sie sich mit ihrem süßlich-herben, Vanille-ähnlichen Geschmack hervorragend als Gewürz für Desserts eignen.

Tipp!
Tonkabohne lässt sich am besten mit einer Muskatreibe dosieren.

04 Menü

64

Vorspeise

Gebratene Jakobsmuscheln
mit Blumenkohlpüree und Curryschaum

Hauptgericht

Marinierter Weideochse
mit Schalotten-Ragout und Petersilienpüree

Nachspeise

Topfen-Krokant-Knödel
mit Orangencrème und rotem Beerensorbet

Gebratene Jakobsmuscheln
mit Blumenkohlpüree und Curryschaum

Große Oper!

„Kreativität bedeutet, sich nicht festlegen zu müssen. Ein großer Vorteil dieser Muschel mit dem nussigen, etwas süßlichen Geschmack ist, dass sie zu den verschiedensten Gewürzen und Beilagen passt. Von Kardamom und Vanille über Paprika bis hin zu den klassischen Kräutern der Provence ist alles möglich. Ideal also, um der eigenen Kreativität freien Lauf zu lassen."

Zutaten für 4 Personen

8	Jakobsmuscheln
	Meersalz aus der Mühle oder Fleur de Sel
1 EL	Butterschmalz[1]
1	Blumenkohl
100 g	Butter[2]
	Saft einer Zitrone
	Muskatnuss
	Salz, Pfeffer aus der Mühle
100 ml	Fischfond (aus dem Glas oder siehe Basics S. 182)
80 ml	Sahne[2]
50 ml	Orangensaft
1	Zwiebel
1 Zweig	Blattpetersilie
1 Zweig	Thymian
1 EL	Zucker
1 TL	Currypaste, gelb[3]
1 EL	Pflanzenöl
etwas	gelber Friséesalat (zur Dekoration)

1 Bei Laktoseintoleranz je zur Hälfte durch laktosefreie Butter und Pflanzenöl ersetzen.
2 Bei Laktoseintoleranz durch laktosefreie Produkte ersetzen (siehe S. 188).
3 Gegebenenfalls laktose- und/oder glutenfreie Currypaste verwenden.

Gebratene Jakobsmuscheln
mit Blumenkohlpüree und Curryschaum

Zubereitung ca. 40 Minuten

Den **Blumenkohl** (1) in Salzwasser mit etwas **Zitronensaft** (damit er schön weiß bleibt) ca. 10 Minuten kochen und danach gut abtropfen lassen. Inzwischen die **Butter** (100 g) bei milder Hitze in einer Pfanne bräunen. Anschließend den Blumenkohl mit der gebräunten Butter, **Salz**, **Pfeffer** und etwas **Muskatnuss** mit einem Stabmixer kurz pürieren.

Zwiebel (1) fein würfeln und in **Pflanzenöl** (1 EL) anschwitzen; **Thymian** (1 Zweig) und **Petersilienblätter** (1 Zweig) hinzufügen. Wenn die Zwiebeln leicht gebräunt sind, den **Zucker** (1 EL) und die **Currypaste** (1 TL) dazugeben; mit **Fischfond** (100 ml) und **Orangensaft** (50 ml) ablöschen. Bei milder Hitze ca. 15 Minuten köcheln lassen und dann durch ein feines Sieb gießen. **Sahne** (80 ml) hinzufügen und warm mit einem Stabmixer aufschäumen.

Die gesalzenen **Jakobsmuscheln** (8) von jeder Seite in **Butterschmalz** (1 EL) etwa 2 Minuten braten und neben dem warmen Blumenkohlpüree anrichten. Abschließend mit etwas Curryschaum überziehen und mit dem **Friséesalat** dekorieren.

Weinempfehlung

Der Riesling der Franzosen! Hervorragend passt ein Chenin Blanc von der Loire zu diesem asiatisch angehauchten Gericht. Wählen Sie ein saftiges Exemplar, der leicht süßliche Blumenkohl und der Curryschaum verbinden sich hervorragend mit der Saftigkeit von Chenin Blanc. Sortentypische Chenin Blancs besitzen eine leichte Süße im Abgang. Diese Süße gleicht angenehm die Schärfe vom Curry aus.

Alternative: Eine trockene, aber saftige Scheurebe aus Rheinhessen. Die in Alzey gekreuzte Rebsorte hat eine Exotik, die an die opulenten Sauvignon Blancs aus der Neuen Welt (Neuseeland, Südafrika) erinnert. Schmelz, wilde Frucht und Säure verleihen dem Essen einen angenehmen Kontrast.

Vegetarische Rezeptvariante

Echte Vegetarier essen nicht nur kein Fleisch, sondern auch keinen Fisch oder Meeresfrüchte. Trotzdem bezeichnen sich viele Menschen, die zwar kein Fleisch, durchaus aber Fisch oder Meerestiere essen, als Vegetarier. Die richtige Bezeichnung wäre eigentlich Pescarier. Da dieser Begriff aber nur selten verwendet wird, fragen Sie am besten einfach nach.

Grundsätzlich gilt, bei fleisch- und meerestierfreier Ernährung auch auf Saucenbestandteile zu verzichten, in denen tierische Zutaten verarbeitet wurden. Das gilt zum Beispiel für Geflügelbrühe und Kalbsfond, aber auch für Gelatine. Bei diesem Gericht würden wir einfach den Fischfond durch Gemüsebrühe ersetzen und die Jakobsmuscheln weglassen. Dafür mehr Blumenkohl servieren (nicht püriert, also bissfeste Blumenkohl-Röschen ca. 10 Minuten kochen).

Jakobsmuscheln

Frische Muscheln sollten schwer und geschlossen sein oder sich durch leichtes Antippen schließen. Zum Öffnen legt man die flache Schale nach oben und schneidet mit einem Messer innen an der oberen Schale entlang und klappt dann die flache Schale hoch. Alle schwarzen Innereien und der Bart werden entfernt. Verwendet werden nur der zylinderförmige, weiße Muskelstrang zwischen den Klappen und der orangerote Rogen (Corail), der als besondere Delikatesse gilt.

Tipp!
Am besten sind natürlich lebende Muscheln in der Schale. Auch sehr gut geeignet und gut erhältlich sind Jakobsmuscheln aus Kanada oder den USA, und zwar in einer Dose ohne Lake. Geschmacklich völlig uninteressant hingegen finde ich in Lake eingelegte oder gar gefrorene Jakobsmuscheln!

Starkes Stück

„Das Aha-Erlebnis eines Gerichtes wird nicht nur durch die einzelnen Komponenten bestimmt, sondern auch durch deren Kombination. So beweist auch die ausgewogene Balance dieses Rezeptes, dass Geschmack verbindet …“

Zutaten für 4 Personen

700 g	Weideochsenfilet[1] (am Stück)
	Salz, Pfeffer aus der Mühle
1 EL	Butterschmalz[2]

Marinade

0,5 l	Rotwein (am besten einen günstigen und kräftigen Südfranzosen)
0,5 l	Kalbsfond[1], hell
150 ml	Balsamico-Essig, dunkel
1	Zwiebel
1	Gewürznelke
1	Lorbeerblatt
40 g	Butter[3]
etwas	Zucker
	Pfeffer aus der Mühle

Schalotten-Ragout

300 g	Schalotten
200 g	Karotten
2	Tomaten
1 EL	Zucker
100 ml	Kalbsfond[1], dunkel
50 g	Butter[3]
	Salz, Pfeffer aus der Mühle

Das Rezept ist glutenfrei.

1 Eine vegetarische Rezeptvariante finden Sie auf den folgenden Seiten.

2 Bei Laktoseintoleranz je zur Hälfte durch laktosefreie Butter und Pflanzenöl ersetzen.

3 Bei Laktoseintoleranz durch laktosefreie Butter ersetzen (siehe S. 188).

Zutaten für das Petersilienpüree siehe S. 185.

Marinierter Weideochse
mit Schalotten-Ragout und Petersilienpüree

Tipp!
Das Fleisch des etwas entspannter lebenden Weideochsen ist geschmacksintensiver als das von Rindern – das Gericht ist aber auch mit Rinderfilet ein Genuss.

Tipp!
Ein klassisches Schalotten-Ragout ist sehr dominant – die abschließende Zugabe der Tomatenwürfel verleiht ihm Leichtigkeit und Frische.

Zubereitung

ca. 60 Minuten
zzgl. Vorbereitungszeit gemäß Rezept

Am Vortag das **Filet** 700 g mit einem Holzspieß mehrfach tief einstechen, damit die Marinade schön einziehen kann.

Marinade

Rotwein 0,5 l, **Balsamico** 150 ml-Essig und **Kalbsfond** 0,5 l vermischen; **Zwiebel** 1 schälen und fein würfeln, dann mit **Nelke** 1, **Lorbeerblatt** 1, **Pfeffer** und **Zucker** unter die Marinade mischen und leicht erwärmen. Das Filet einlegen und 24 Stunden (nach Belieben auch länger) kalt stellen. Der Fond darf beim Einlegen des Filets nur lauwarm sein, sonst schließen sich die Fleischporen und die Marinade wird nicht aufgenommen. Auf keinen Fall Salz in den Fond – das Fleisch würde zäh und trocken!

Zunächst die Fleischmarinade durch ein Sieb passieren und langsam reduzieren. Später, wenn sie dick genug ist (etwa zu 2/3 reduziert), mit kalter **Butter** 40 g abbinden und um das fertig zubereitete Fleisch geben.

Schalotten-Ragout

In der Zwischenzeit die **Schalotten** 300 g vierteln, **Karotten** 200 g würfeln und dann mit **Zucker** 1 EL und **Pfeffer** in einem Topf mit **Butter** 50 g anschwitzen. Mit dem dunklen **Kalbsfond** 100 ml ablöschen und bei milder Hitze ca. 30 Minuten schmoren lassen, bis der Fond schön sämig ist. Zwischendurch umrühren, damit nichts ansetzt. Die **Tomaten** 2 häuten und würfeln und erst zum Schluss hinzufügen, etwas salzen und unter dem Filet anrichten.

Filet

Das marinierte Filet in etwa gleichgroße Stücke portionieren, mit **Salz** und **Pfeffer** würzen und von allen Seiten in **Butterschmalz** 1 EL scharf anbraten. Im vorgeheizten Ofen (100 °C bei Ober- und Unterhitze) auf einem Gitter ca. 20 Minuten fertig garen.

Als Beilage eignet sich am besten ein Petersilienpüree (siehe Basics S. 185).

Marinierter Weideochse
mit Schalotten-Ragout und Petersilienpüree

Weinempfehlung

Bei diesem Gericht gibt es viele Möglichkeiten. Allerdings – eines sollte berücksichtigt werden: Schalotten-Ragout ist wohl das entscheidende Element bei diesem Gericht. Die Süße, die beim Schmoren von Schalotten entsteht, verlangt nach einem kräftig-saftigen Wein. Zum Beispiel von der Süd-Rhone (Grenache) oder ein Amarone aus dem Veneto, ein Zinfandel aus Kalifornien würden hervorragend dazu passen.

Der Wein sollte die Kraft mitbringen, das Scharf-Süßliche von Schalotten zu begleiten. Versuchen Sie allerdings, einen Wein zu finden, der eine angenehme Frische hat, die sich in Mineralik, also Säure im Wein, widerspiegelt. Die verleiht dem Essen eine angenehme Frische, trotz der vielen Muskeln von Essen und Wein.

Vegetarische Rezeptvariante

Marinierter Rosenkohl mit Sultaninen auf Schalotten-Ragout und Petersilienpüree

Zutaten für 4 Personen

400 g	Rosenkohl
50 g	Schalotten
100 g	Sultaninen
100 ml	süßer Weißwein
	Meersalz, Muskat, Zucker
	Pfeffer aus der Mühle
	Olivenöl

Zutaten für das Petersilienpüree siehe S. 185.

Die Sultaninen über Nacht in dem Weißwein einweichen. Den Rosenkohl vom Strunk befreien und die Blätter alle einzeln abzupfen. Meist geht das nur mit den äußeren Blättern, das Innere des Kohls kann anderweitig verwendet werden. Die Blätter nicht blanchieren, sondern in Olivenöl mit den gewürfelten Schalotten anschwitzen, dann die Sultaninen zufügen und mit dem Weißwein ein wenig ablöschen. Das Ganze mit Meersalz, Muskat, Pfeffer und bei Bedarf auch ein wenig Zucker würzen und auf dem Schalotten-Ragout servieren. Der Rosenkohl muss noch bissfest sein.

Das Schalotten-Ragout anstatt mit Kalbsfond mit dunklem Balsamico-Essig zubereiten. Diese Rezeptalternative ist gluten- und laktosefrei (bei Verwendung laktosefreier Butter, siehe S. 188).

Happy End

„Knusprig-süß und cremig-zart – ein Gaumenschmaus für Naschkatzen, der Glücksgefühle weckt und Lust auf mehr macht …“

Zutaten für 4 Personen

Beerensorbet

500 g	gemischte rote Beeren
300 g	Läuterzucker (siehe Basics S. 186)
	Saft einer halben Zitrone
6 cl	weißer Rum

Topfen-Krokant-Knödel

40 g	Butter[1]
40 g	Zucker
	Abrieb von einer Limone und einer Zitrone
2	Eigelb
1	Ei
120 g	Haselnussmehl[2]
30 g	Speisestärke
330 g	Topfen (Quark)[1]
50 g	Krokant

Orangencrème

400 ml	Orangensaft
50 g	Zucker
4	Eigelb
2 cl	Grand Marnier

1 Eine laktosefreie Variante finden Sie auf den folgenden Seiten.
2 Das Rezept ist glutenfrei. Reines Nussmehl enthält keinerlei Gluten.

Topfen-Krokant-Knödel

mit Orangencrème und rotem Beerensorbet

Zubereitung

ca. 50 Minuten
zzgl. Gefrierzeit des Sorbets

Beerensorbet

Beeren (500 g) mit **Läuterzucker** (300 g) mixen und mit **Zitronensaft** (von ½ Zitrone) und **Rum** (6 cl) abschmecken. Entweder in eine Eismaschine geben oder unter häufigem Rühren frieren lassen. Der Rum verhindert das Festwerden, sodass man das Sorbet auch sehr gut am Vortag zubereiten kann.

Topfen-Krokant-Knödel

Ei (1) und **Eigelbe** (2) verrühren; **Butter** (40 g) und **Zucker** (40 g) schaumig schlagen und dann die Eimasse unterheben. Geriebene **Limonen**- und **Zitronenschale** hinzufügen. Dann langsam das **Haselnussmehl** (120 g) und die **Speisestärke** (30 g) unterheben und die Masse kalt stellen. Nach ca. 15 Minuten den **Topfen (Quark)** (330 g) dazugeben. Die weiche Masse zuerst in Frischhalte- und dann in Alufolie stramm einwickeln und zu einer schlanken Rolle formen. Im Wasserbad ungefähr 30 Minuten bei ca. 80 bis 90 °C ziehen lassen. Vorsichtig auswickeln, portionieren und in **Krokant** (50 g) wälzen.

Orangencrème

Während der Knödel zieht, den **Orangensaft** (400 ml) reduzieren, bis noch etwa 250 ml übrig sind. **Zucker** (50 g) mit den **Eigelben** (4) aufschlagen und zusammen mit dem **Grand Marnier** (2 cl) unterrühren. In Förmchen füllen und im vorgeheizten Ofen bei ca. 95 °C etwa 15 Minuten garen.

Tipp!
Das Sorbet frühzeitig aus dem Eisfach nehmen, damit es nicht zu fest ist.

Topfen-Krokant-Knödel
mit Orangencrème und rotem Beerensorbet

Weinempfehlung

Ein süßer Wein vom Neusiedlersee. Der wohl berühmteste ist der Ruster Ausbruch. Dieser edelsüße Wein, der aus rosinenartigen Trauben gewonnen wird, zeigt auf der Zunge seine konzentrierte, cremige, geschmackliche Konsistenz; zarte Säure und Lebendigkeit, betörend überschwängliches exotisches Litschi- und Ananas-Flavour machen Lust auf mehr.

Alternative: Ruster Ausbruch ist nicht der einzige Wein, der dazu passt. Eine konzentrierte Beerenauslese oder Trockenbeerenauslese vom Ost- oder Westufer des Neusiedlersees passen ebenso. Wichtig ist nur, dass der Wein eine gewisse Schwere mitbringt. Deutscher Riesling ist für dieses Gericht zu filigran. Ein Wein, der eine gewisse Schwere im Mundgefühl auslöst, fügt sich besser zum Gericht.

Laktosefreie Rezeptvariante

Erdbeer-Mohn-Törtchen mit Orangencrème und rotem Beerensorbet

Zutaten für 4 Personen

1	Ei
1	Eigelb
90 g	Zucker
40 g	Mohn, gemahlen
15 g	Mandelgrieß
50 g	Mehl
2	Eiweiß
200 g	Erdbeeren

Ei, Eigelb, die Hälfte des Zuckers, Mohn und Mandelgrieß mit dem Handrührgerät schaumig schlagen. Mehl unter die Masse sieben und heben. Eiweiß mit dem restlichen Zucker steif schlagen und ebenfalls unter die Masse heben. Die Biskuitmasse auf Backpapier streichen und bei 200 °C 10 Minuten backen. Auskühlen und mit einem Ausstecher runde Taler ausstechen. Die Taler nach Belieben mit frischen Erdbeeren belegen und zu der Orangencrème und dem Sorbet reichen.

Diese Variante ist nicht glutenfrei.

Rundum schön

Zu einem sinnlich-leckeren Essen gehört für mich auch unbedingt ein geschmackvolles Geschirr. Mit seiner unaufdringlichen Ästhetik steht das „Arzberg“-Geschirr nicht nur für eine lange deutsche Porzellantradition, sondern vor allem auch für höchste Funktionalität und edlen Genuss.

05 Menü

Vorspeise

Kürbissuppe mit Garnelen

Hauptgericht

Huhn und Langostinos
auf Dicken Bohnen

Nachspeise

Panna-cotta-Küchlein
mit Sternanis und Beerenpüree

Kürbissuppe mit Garnelen

Kurzes Vorspiel

„Guter Einstand – gute Laune! Mit dem leicht erdigen, nussigen Kürbisaroma und den gebratenen Garnelen wecken Sie Erinnerungen an Urlaub und Meer.“

Zutaten für 4 Personen

300 g	Garnelen[1]
1	Knoblauchzehe
etwas	Olivenöl zum Braten
	Meersalz
	Holzspieße

1,5 kg	Muskatkürbis
1	Apfel (Boskoop)
100 g	Karotten
1	Gemüsezwiebel
50 g	Butter[2]
500 ml	Apfelsaft
6 EL	süße Chilisauce
500 ml	Gemüsebrühe oder Rinderbouillon (siehe Basics S. 182)
400 ml	Sahne[2]
	Saft einer Zitrone
1 TL	Currypulver
	Zucker, Salz, Pfeffer aus der Mühle

Das Rezept ist glutenfrei.

1 Eine vegetarische Rezeptvariante finden Sie auf den folgenden Seiten.

2 Bei Laktoseintoleranz durch laktosefreie Produkte ersetzen (siehe S. 188).

Kürbissuppe mit Garnelen

Zubereitung

ca. 25 Minuten

Die **Garnelen** (300 g) schälen und den Darm entfernen, dann nur die Schalen in einem Topf mit **Butter** (50 g) anschwitzen, damit diese das Aroma aufnimmt. **Kürbis** (1,5 kg), **Apfel** (1), **Karotten** (100 g) und **Zwiebel** (1) schälen und würfeln. Die Garnelenschalen aus dem Topf nehmen und nun die Gemüsewürfel darin anschwitzen. Mit **Apfelsaft** (500 ml), **Chilisauce** (6 EL) und **Brühe** (500 ml) ablöschen und alles etwa 20 Minuten im geschlossenen Topf garen. Etwas abkühlen lassen, dann pürieren, durch ein feines Sieb streichen und schließlich mit **Sahne** (400 ml), **Salz**, **Zucker**, **Pfeffer**, **Curry** (1 TL) und dem **Zitronensaft** (von 1 Zitrone) abschmecken.
Garnelen aufspießen, mit etwas **Meersalz** würzen und zusammen mit einer halbierten **Knoblauchzehe** (1) in einer Pfanne mit heißem **Olivenöl** von beiden Seiten scharf anbraten. Unmittelbar vor dem Servieren die Suppe nochmals kurz aufkochen, mit dem Stabmixer aufschäumen und mit den Garnelenspießen anrichten.

Tipp!
Die Garnelen mit einem kleinen Messer am Rücken längs einschneiden. Mit zwei Fingern das obere Ende des Darms greifen und ihn vollständig vom Körper abziehen. Der Darm ist ein langer, dünner Schlauch und gut an seiner dunklen Farbe zu erkennen. Er wird nicht nur aus ästhetischen Gründen entfernt, sondern gehört nicht ins Essen, weil er einen bitteren Geschmack verursachen könnte.

Weinempfehlung

Ein exotisch anmutender Muscat mit einer leichten Restsüße fügt sich ideal mit dem Kürbisaroma. Muscat aus dem Elsass hat es hier sehr leicht. Die Böden im Elsass geben dem Wein eine Schwere, die sich mit der Cremigkeit des Essens und dem leichten Garnelengeschmack verbindet.

Alternative: Ein opulenter Roter Traminer aus der Steiermark, der sich mit viel Schmelz und ausladender Frucht präsentiert, begleitet den nussigen Kürbisgeschmack ideal. Hinter der Linie „Steirische Klassik" aus der Steiermark verbirgt sich meist ein klarer, feinfruchtig-mineralischer Wein. Diese Spielart von Weingeschmack sollte nicht für Kürbissuppe gewählt werden. Wir benötigen einen Wein von Kraft und deutlicher Aussage mit etwas Reife. So wird die Wahl ein voller Erfolg.

Rezeptvarianten

Laktosefrei, glutenfrei und vegetarisch

Die Kürbissuppe kann auch sehr gut ohne Sahne gekocht werden. Die Bindung entsteht durch den hohen Anteil an Kohlenhydraten im Kürbisfleisch. Damit haben wir eine laktosefreie und von vornherein glutenfreie Vorspeise. Durch den Verzicht auf die Garnele ist die Suppe auch noch vegetarisch.

Als Einlage kann in der vegetarischen Variante eine kräftige Pilzsorte eingesetzt werden, z. B. Steinpilz, Shitake oder Morchel. Die Pilze unterstützen den kräftigen und erdigen Geschmack des Kürbisfleisches.

Shrimps (engl.)
Crevettes (frz.)
Gamberetti (ital.)
Gambas (span.)

Die Namensbezeichnung ist weltweit unterschiedlich, sodass es immer wieder zu Missverständnissen kommt. Benötigt man z. B. mehr als 200 Tiere, um 1 kg zu erhalten, werden sie Shrimps genannt.

Die Vertreter größerer Sorten heißen Prawns, Tiger Prawns oder auch Jumbo Shrimps. Sie kommen sowohl in Süß- als auch in Salzwasser vor. Erstgenannte sind von etwas festerer Konsistenz. Die meisten der über 20.000 bekannten Arten sind allerdings reine Meerestiere.

Muskatkürbis

Der Muskatkürbis ist für mich am besten geeignet für eine geschmackvolle Suppe. Er gehört zur Gruppe der Moschuskürbisse; seine Form ist stark gerippt und die Farbe reicht von dunkelgrün bis braun. Das Fruchtfleisch schmeckt – wie der Name schon sagt – leicht nach Muskatnuss. Man kann es roh und gekocht genießen, geeignet also für Gemüsegerichte, Suppen, Salate, aber auch zum Backen, als Dessert oder für Marmeladen und Chutneys.

Große Koalition

„Hier treffen sich sozusagen Bürger und Edelmann. Die Dicken Bohnen, auch Saubohnen genannt, weil sie früher als Schweinefutter dienten, ergeben mit der exquisiten Maishuhnbrust und den edlen Langostinos ein wahrhaft klassenübergreifendes Festmahl."

Zutaten für 4 Personen

Maishuhnbrust

5	Maishuhnbrüste[1]
2–3	Eiswürfel
80 ml	Sahne[2]
2 cl	Cognac
1 TL	Paprikapulver, edelsüß
	Salz, Pfeffer aus der Mühle
	Spritzbeutel
	Zahnstocher
ca. 300 g	Langostinoschwänze[1]

Dicke Bohnen

1 kg	Dicke Bohnen in der Schote
3	Tomaten
2	Schalotten
1 Bund	Bohnenkraut
200 ml	Gemüsebrühe (siehe Basics S. 181)
200 g	Crème fraîche[3]
50 g	Butter[2]
	Salz, Pfeffer aus der Mühle

Das Rezept ist bis auf die empfohlene Beilage glutenfrei.

1 Eine vegetarische Rezeptvariante finden Sie auf den folgenden Seiten.

2 Bei Laktoseintoleranz durch laktosefreie Produkte ersetzen (siehe S. 188).

3 Laktosefreie Alternative: Soja-Cuisine von alpro soja.

Huhn und Langostinos
auf Dicken Bohnen

Tipp!
Ich empfehle, unbedingt Maishuhnbrüste zu verwenden! Sie werden ausschließlich vegetarisch aufgezogen. Dadurch fermentiert die Haut leicht gelblich und das Fleisch schmeckt unvergleichlich zart.

Tipp!
Das Häuten der Bohnen macht zwar etwas Arbeit, lohnt sich aber, weil die Haut einen unerwünschten Beigeschmack ins Spiel bringt. Außerdem bekommt das Gericht dadurch eine frische, grüne Farbe.

Zubereitung — ca. 60 Minuten

Maishuhnbrust

Für die Farce von einer **Maishuhnbrust** (1) die Haut abziehen, das Fleisch würfeln und zügig mit den **Eiswürfeln** (2–3) in einem Mixer zerkleinern. Die Eiswürfel verhindern, dass das enthaltene Eiweiß beim Mixen gerinnt. Mit **Sahne** (80 ml), **Cognac** (2 cl), **Paprikapulver** (1 TL) und **Salz** verrühren und ca. 15 Minuten kaltstellen.
In der Zwischenzeit das **Langostinofleisch** (ca. 300 g) auslösen und in grobe Würfel schneiden.
Die Hühnerfarce mit den Langostinowürfeln mischen und in einen Spritzbeutel füllen (z. B. in einen Gefrierbeutel, von dem man eine Ecke abschneidet).
Nun mit der Messerspitze die restlichen **Maishuhnbrüste** (4) längs einstechen, sodass eine Tasche für die Füllung entsteht. Die Huhn-Krustentier-Farce vorsichtig einfüllen und mit den Zahnstochern verschließen. Die Maishuhnbrüste von beiden Seiten mit **Salz** und **Pfeffer** würzen und bei 180 °C im vorgeheizten Backofen auf einem Gitter mit der Hautseite nach oben ca. 20 Minuten garen.

Dicke Bohnen

Die **Bohnenkerne** (1 kg) aus der Schote brechen und die feine Haut ablösen, dann in einem großen Topf mit **Butter** (50 g) anschwitzen. **Schalotten** (2) grob würfeln und hinzufügen, mit der **Brühe** (200 ml) ablöschen, mit **Bohnenkraut** (1 Bund), **Pfeffer** und **Salz** leicht würzen und nur kurz aufkochen. Inzwischen die **Tomaten** (3) vierteln, Kerngehäuse entfernen und würfeln. Das Bohnenkraut aus dem Topf nehmen, **Crème fraîche** (200 g) unterrühren, nochmals abschmecken und erst kurz vor dem Anrichten die Tomatenwürfel zufügen. Dazu passen ausgezeichnet eine Kartoffelroulade (siehe Basics S. 185) und eine heiß aufgeschäumte Hummersauce (siehe Basics S. 183).

Huhn und Langostinos
auf Dicken Bohnen

Weinempfehlung

Ein weißer Wein von der Süd-Rhône/Frankreich aus Roussane und Marsane. Die Vertreter dieser Stilistik wirken oft knochentrocken, mit breitem, aber präzise wirkendem Geschmack nach gelben und weißen Blüten, mit der feinen, animierend wirkenden Bitterkeit der alten Rebsorten und weicher, cremiger Säure. Viel Geschmacksdichte, die ihn „schwerer" wirken lässt, als er de facto ist, weil er intensiver riecht und schmeckt. Die dicken Bohnen und das helle Fleisch benötigen einen Wein mit Charakter.

Alternative: Chardonnays aus dem Jura/Frankreich, welche eine Vergärung im Barrique und ein fast nicht enden wollendes Hefelager hinter sich haben, zeigen ebenso ihr Gesicht zu Bohnenkraut und Konsorten. Das Jura hat einen ganz eigenen Charme. Diesen Charme glaubt man auch in seinen Weinen wiederzufinden. Vordergründig, explodierend – schmeichelnd sind diese Weine wohl kaum. Sollte man sich auf sie einlassen, dann hat man die Chance, wahre Geschichten und viel Gefühl beim Trinkgenuss mitzubekommen. Versuchen Sie es!

Vegetarische Rezeptvariante

Gebratene Thymian-Gnocchi auf Dicken Bohnen und Paprika-Sabayone

Zutaten für 4 Personen

	Gnocchi
1 kg	mehlige Kartoffeln
100 g	Mehl
2	Eier
	Muskatnuss, Salz
	Olivenöl
	Thymiansträußchen
	Paprika-Sabayone
300 g	rote Paprikaschoten
200 ml	Gemüsefond
4	Eigelb
1	kleiner Zweig Thymian
	Salz und frisch gemahlener Pfeffer

Die Kartoffeln schälen, ohne Salz kochen und anschließend durch eine Kartoffelpresse drücken. Mehl und Eier zufügen, mit Muskatnuss würzen und die Masse auf einer bemehlten Arbeitsfläche zu einem glatten Teig kneten. In Rollen formen und in kurze Stücke schneiden. Diese in Salzwasser kochen. Sobald die Nocken an die Oberfläche aufsteigen, mit einer Schaumkelle herausnehmen und in einer Pfanne in Olivenöl anbraten. Mit frischem Thymian bestreuen und zu den Bohnen servieren. Für die Sabayone die Paprikaschoten halbieren, die weißlichen Rippen entfernen, grob schneiden und mit dem Fond in einem Topf 15 Minuten köcheln. Anschließend 1 Minute im Mixer pürieren. Die Masse durch ein Sieb passieren und abkühlen lassen, dann die Eigelbe unterheben. Den Topf in ein Wasserbad stellen und mit Schneebesen oder Handmixer die Sabayone aufschlagen, mit Salz und Pfeffer würzen.

Nichts leichter als das

„Die piemontesische Sahnepudding-Spezialität fehlt in kaum einem italienischen Restaurant. In meiner Kombination mit einem zart-knusprigen Mürbeteigtörtchen wird dieser Klassiker quasi neu entdeckt."

Zutaten für 4 Personen

	Panna cotta
400 ml	Sahne[1]
4 Blatt	weiße Gelatine[2]
50 g	Zucker
4	Sternanis
1	Vanilleschote
	Mürbeteig
200 g	Mehl
140 g	Butter
70 g	Zucker
1	Eigelb
80 g	dunkle Kuvertüre[1]
	Salz
	Beerenpüree
200 g	Himbeeren
200 g	Erdbeeren
200 g	Johannisbeeren
50 ml	Läuterzucker

1 Bei Laktoseintoleranz durch laktosefreie Produkte ersetzen (siehe S. 188).

2 Eine vegetarische Rezeptvariante finden Sie auf den folgenden Seiten. Gelatine für Vegetarier durch Agar Agar ersetzen.

Panna-cotta-Küchlein
mit Sternanis und Beerenpüree

Zubereitung

ca. 40 Minuten
zzgl. Abkühlzeit der Panna cotta

Panna cotta

Gelatine (4 Blatt) ca. 10 Minuten in kaltem Wasser einweichen; **Sahne** (400 ml), **Zucker** (50 g) und **Vanillemark** (von 1 Schote) mit **Sternanis** (4) kurz aufkochen und danach ca. 15 Minuten ziehen lassen, damit sich das Sternanisaroma gut entfalten kann. Sternanis entfernen, die Gelatine ausdrücken und unter vorsichtigem Rühren in der noch warmen Sahne auflösen. Die Masse auf ein Blech geben und ca. 3 Stunden im Kühlschrank fest werden lassen. Die Panna cotta sollte etwa 2 cm dick sein und später mit dem gleichen Tortenring ausgestochen werden wie das Mürbeteigtörtchen.

Mürbeteig

Mehl (200 g) zu einem Haufen aussieben. Kalte, in kleine Stücke geschnittene **Butter** (140 g), **Zucker** (70 g), **Eigelb** (1) und eine Prise **Salz** zugeben. Zügig verkneten oder mit einer langen Messerklinge hacken. Vor der Weiterverarbeitung in Frischhaltefolie wickeln und ca. 1 Stunde im Kühlschrank ruhen lassen. Nun kurz durchkneten, dünn ausrollen und auf einem Blech bei ca. 200 °C blind backen. Der Teig wird hierfür mit einer Gabel mehrfach eingestochen, mit Backpapier belegt und mit getrockneten Erbsen, Bohnen, Kirschkernen oder Ähnlichem beschwert, damit der Teig nicht aufgeht.

In der Zwischenzeit die **Kuvertüre** (80 g) zerkleinern und im Wasserbad schmelzen.

Die „Blindfüllung" vom Teig nehmen und mit einem Tortenring (ca. 10 bis 12 cm Durchmesser) kleine Törtchen ausstechen, diese mit der flüssigen Kuvertüre bestreichen und auskühlen lassen.

Beerenpüree

Die **Beerenmischung** (je 200 g) mit dem **Läuterzucker** (50 ml) mixen, durch ein feines Sieb passieren, damit die Kerne entfernt werden, und um die Törtchen anrichten.

Die ausgestochene Panna cotta passend auf die Schokoladen-Törtchen setzen und mit dem Beerenpüree servieren.

Panna-cotta-Küchlein
mit Sternanis und Beerenpüree

Weinempfehlung

Coteaux du Layon, Bonneaux oder auch süßer Vouvray von der Loire passen hier hervorragend. Die AOC Frankreichs besagen, dass in allen drei Weinen zu 100 Prozent Chenin Blanc enthalten sein muss. Sie strotzt vor Körper und Textur und ihre straffe Säure macht sie bezaubernd frisch im Gaumen. Trotz dicker Fülle wirkt sie delikat und fein. Massive Süße und dichte Konzentration definieren einen Süßwein-Nektar, der die Zunge umspielt mit cremiger, seidenweicher, opulenter Textur mit schweren, gelben Aromen von reifen Pfirsichen, Orangenzesten und Quittengelee. Hohe Süßwein-Kunst.

Alternative: Ein maskuliner Süßwein, welcher im Alsace Sélection de Grains Nobles genannt wird, hat ebenfalls genügend Körper, um mit Anis, Sahne und Beeren mitzuhalten. Die edelfaulen Beeren, die einen Nektar ergeben und dann durch Reifung in Holzfässern ihr Gewicht bekommen, ergänzen das Gericht sehr gut.

Laktosefrei und vegetarisch

Die Kuvertüre in dem Rezept sollte in diesem Fall einen möglichst hohen Kakaoanteil (80 %) haben. Diese Art der Schokolade ist in der Regel milchfrei.

Der Butterfettanteil für das Mürbeteigrezept muss durch Pflanzenmargarine oder laktosefreie Butter ersetzt werden.

Da in Gelatine Tierprodukte verarbeitet sind, können Sie dieses Rezept für Vegetarier mit Agar Agar, einem Produkt aus Meeresalgen, verarbeiten. Dieses rein pflanzliche Geliermittel erhalten Sie im Reformhaus in Pulverform.
Der leichte Meeresgeruch verfliegt bei der Zubereitung.

06 Menü

Vorspeise

Gefüllte Tomate
mit Couscous und Lammfilet

Hauptgericht

Gebratener Wolfsbarsch auf Steckrüben
mit scharfer Wurst

Nachspeise

Basilikumeis mit einer Schokoladentarte

Gefüllte Tomate
mit Couscous und Lammfilet

Alles auf Rot

„Couscous oder Kuskus wird aus Weizen, Gerste oder Hirse, überwiegend aber aus Hartweizen hergestellt. Dieses nordafrikanische Nationalgericht ist ausgesprochen vielseitig und vermittelt in der Kombination mit der fruchtigen Tomate und dem zart-würzigen Lammfilet einen Hauch von Fernweh."

Zutaten für 4 Personen

4	große Fleischtomaten
200 ml	Tomatenfond[1] (siehe Basics S. 183)
4	getrocknete Tomatenfilets (siehe Basics S. 186)
200 g	Couscous[1]
3 EL	Olivenöl
	Salz, Pfeffer aus der Mühle
je 1 Zweig	Estragon, Basilikum, glatte Petersilie
400 g	Lammfilet[2]
2–3	rote Zwiebeln
Spritzer	angedickter Balsamico-Essig zum Garnieren (siehe Basics S. 183)
	frische Kräuter nach Geschmack zum Garnieren

Das Gericht ist laktosefrei.

1 Couscous und Tomatenfond sind nicht glutenfrei.

2 Eine vegetarische Rezeptvariante finden Sie auf den folgenden Seiten.

Gefüllte Tomate
mit Couscous und Lammfilet

Zubereitung ca. 25 Minuten

Tomaten (4) waschen, kurz blanchieren und häuten. Den oberen Teil wie einen Deckel abschneiden und dann die Tomate mit einem Teelöffel aushöhlen.

Tomatenfond (200 ml) kurz aufkochen und unter Rühren den **Couscous** (200 g) zufügen, anschließend ca. 10 Minuten quellen lassen. **Estragon** (1 Zweig), **Basilikum** (1 Zweig) und **Petersilie** (1 Zweig) waschen und fein hacken.

Tomatenfilets (4) würfeln und zusammen mit dem **Olivenöl** (1 EL), etwas **Pfeffer** und **Salz** unter den Couscous rühren.

Die ausgehöhlten Tomaten damit füllen und bis zum Servieren im vorgeheizten Ofen (ca. 50 °C) auf einem Gitter warm stellen.

Die **Zwiebeln** (2–3) schälen und in Ringe schneiden, in einem Topf mit etwas **Olivenöl** (1 EL) und **Salz** etwa 5 Minuten schmoren.

Lammfilets (400 g) mit **Salz** und **Pfeffer** würzen, dann von jeder Seite ca. 2 Minuten in **Olivenöl** (1 EL) scharf anbraten.

Aus den geschmorten Zwiebeln ein Nest für die Tomaten bereiten. Tomaten darauf anrichten und zuletzt das Lammfilet aufsetzen. Mit etwas **Balsamico** und frischen **Kräutern** garnieren.

Tipp!
Lammfilets eignen sich aufgrund ihrer Größe ausgezeichnet für Vorspeisen, sind sehr zart und einfach zu braten. Sie dürfen allerdings nicht zu lange in der Pfanne bleiben. Sie ziehen sehr schnell durch und werden nicht nur trocken, sondern auch unansehnlich grau.

Weinempfehlung

Tomate, Couscous und Basilikum. Das schreit für mich nach italienischem Weißwein. Aber bitte trinken Sie nicht einen, der durch Geschmacksneutralität besticht. Leider tun das immer noch die meisten. Und nun ein großes Aber. Es gibt sie, die floralen Pinot Biancos oder Pinot Grigios aus Südtirol, die anders sind. Gehen Sie in das Friaul und suchen Sie nach authentischen Tocai Friulanos; versuchen Sie die wilden Vernaccias aus der Toskana, Marken oder Südtirol. Hier werden Sie Weinen begegnen, die nicht mit 2 Grad getrunken werden müssen. Sondern welche, die auch am nächsten Tag noch schmecken. Prost!

Vegetarische Variante

Gefüllte Tomate mit Couscous und Auberginen-Picatta

Zutaten für 4 Personen

1	große Aubergine
2	Eier
60 g	Parmesan
40 g	Mehl
	Pfeffer aus der Mühle
	Meersalz
	Olivenöl

Die Aubergine mit Salz einreiben und ½ Stunde liegen lassen, dann unter kaltem Wasser abspülen, trocken tupfen und in Mehl wenden. Die Eier aufschlagen und verquirlen, den Parmesan fein reiben und unter die Eimasse heben, mit ein wenig frischem Pfeffer würzen. Die Auberginenscheiben in die Parmesan-Ei-Masse tauchen und in einer Pfanne in Olivenöl goldgelb ausbacken.

In guter Gesellschaft

„Steckrüben waren in Notzeiten oft die letzte Nahrungsreserve für einen Großteil der Bevölkerung und deshalb lange Zeit nicht sehr beliebt. Dabei sind sie besser als ihr Ruf und befinden sich hier mit dem Loup de Mer in wirklich guter Gesellschaft."

Zutaten für 4 Personen

Steckrüben

400 g	Steckrüben
100 g	Apfel (Boskoop)
200 g	Karotten
150 g	Zwiebeln
1 TL	Salz
1 TL	weißer Pfeffer
2 EL	Pflanzenöl
	Muskatnuss
100 g	Butter[1]
400 ml	Gemüsebrühe (siehe Basics S. 181)
2 EL	weißer Balsamico-Essig
½ Bund	Majoran
100 g	scharfe Wurst[2] (z. B. Peperonisalami oder Chorizo)

Wolfsbarsch

600 g	Wolfsbarschfilet[2], mit Haut
1 EL	Butterschmalz[3]
2 EL	Mehl[4]
	Meersalz oder Fleur de Sel

1 Bei Laktoseintoleranz durch laktosefreie Butter ersetzen (siehe S. 188).
2 Eine vegetarische Rezeptvariante finden Sie auf den folgenden Seiten.
3 Bei Laktoseintoleranz durch je zur Hälfte laktosefreie Butter und Pflanzenöl ersetzen.
4 Bei Glutenunverträglichkeit durch Maismehl ersetzen.

Gebratener Wolfsbarsch
auf Steckrüben mit scharfer Wurst

Zubereitung

ca. 1,5 Stunden

Steckrüben

Steckrüben 400 g, **Apfel** 100 g, **Karotten** 200 g und **Zwiebeln** 150 g schälen und in kleine Würfel schneiden, dann in etwas **Pflanzenöl** 2 EL anschwitzen und mit **Pfeffer** 1 TL, **Salz** 1 TL und frisch geriebener **Muskatnuss** würzen. Mit **Brühe** 400 ml ablöschen und bei schwacher Hitze ca. 1 Stunde köcheln lassen. Die **Wurst** 100 g in dünne Scheiben schneiden und auf Backpapier im vorgeheizten Ofen bei 100 °C ca. 15 Minuten warm ziehen lassen.

Wolfsbarsch

Das **Wolfsbarschfilet** 600 g mit einer Pinzette von möglichen Gräten befreien, von beiden Seiten salzen und die Hautseite fein mit **Mehl** 2 EL bestäuben. Dann in einer Pfanne mit **Butterschmalz** 1 EL zuerst auf der Hautseite vorsichtig knusprig braten und dabei aufpassen, dass sie nicht zu dunkel wird. Vor dem Anrichten in der Pfanne wenden und kurz auf der anderen Seite braten. Zum Schluss den Steckrübeneintopf mit **Butter** 100 g, **Essig** 2 EL und dem gehackten **Majoran** ½ Bund verfeinern, mit den Wurstscheiben garnieren und das Fischfilet oben auflegen.

Dazu passen sehr gut kleine, in Butter geschwenkte Kartoffeln.

Gebratener Wolfsbarsch
auf Steckrüben mit scharfer Wurst

Weinempfehlung

Die Steckrüben benötigen einen Wein, der etwas Süße und Frucht mit sich bringt. Säure darf er haben, auch ein Körper sollte ihm nicht fehlen. Ein Gegenspieler, der die Haut vom Loup duldet und die Schärfe der Wurst geschmeidiger macht. Ein großer Riesling aus der Wachau sollte eine gute Wahl sein. Leider sind viele der Vertreter in eine Monotonie gefallen, aus der sie wohl nicht mehr so schnell herauskommen. Noch immer zahlen wir die hohen Preise für Riesling und Grünen Veltliner aus Spitz oder Unterloiben. Aber auch hier, wie in jeder Weinbauregion, brechen junge Winzer aus, besinnen sich auf Althergebrachtes und schöpfen aus dem Vollen. Das Potenzial ist da. Nur leider nutzen es zu wenige. Aber auch hier ist ein Licht am Ende des Tunnels.

Alternativ könnte ein großer Riesling aus dem Elsass sein Gutes tun. Die Frucht, die Eigenständigkeit, Kraft und Terroir hat jedes der Exemplare. Probieren Sie sich von Straßbourg bis nach Mulhouse. Sie werden erstaunt sein, wie viele Vertreter es gibt, die mit authentischer Eigenständigkeit ein neues Gesicht vom Elsass zeigen.

Vegetarische Rezeptvariante

Mini-Pattisons auf Steckrüben mit scharfen Mandeln

Zutaten für 4 Personen

	Mini-Pattisons
12	Mini-Pattisons (Minikürbisse)
1	Ei
½ EL	Curry
4 EL	Mandelmehl
2 EL	Olivenöl
2	Zitronenthymianzweige
4	Zucchiniblüten zum Anrichten
	Mandeln
50 g	blanchierte Mandeln ohne Haut
1 EL	Cayennepfeffer
½ EL	Zucker

Die Minikürbisse halbieren und mit Salz und Pfeffer würzen. Ein Ei aufschlagen und mit ½ EL Curry verrühren. Die Pattisons in ein wenig Mandelmehl wenden, anschließend in die Eimasse tauchen und in einer Pfanne in 2 EL Olivenöl braten, mit Zitronenthymian würzen.
Die Mandeln in einer beschichteten Pfanne ohne Fett goldbraun backen. Wenn der gewünschte Grad an Bräunung erreicht ist, den Zucker und den Cayennepfeffer zufügen, in der Pfanne schwenken, bis der Zucker leicht karamellisiert. Es ist darauf zu achten, dass Zucker und Cayenne erst im letzten Augenblick zugefügt werden, ansonsten entsteht ein unerwünschter bitterer Geschmack.
Mini-Pattisons auf dem Steckrübeneintopf und den Mandeln servieren, mit Zucchiniblüten dekorieren.

Wolfsbarsch oder Loup de Mer

ist einer der teuersten, aber auch der beliebtesten Edelfische überhaupt. Aber der Preis hält, was er verspricht! Sein weißes Fleisch ist schön fest, besonders mager und hat einen sehr aromatisch-delikaten Eigengeschmack. Besonders angenehm ist übrigens auch, dass dieser Fisch wenig Gräten hat.

Gegensätze ziehen sich an

„Das Faszinierende an der Molekularküche ist, dass die Gerichte oft völlig anders aussehen, als sie schmecken. Aber auch ohne große Küchentechnik können Sie die Gaumen Ihrer Gäste auf angenehme Weise verwirren."

Zutaten für 4 Personen

Basilikumeis

1 Bund	Basilikum
200 ml	Sahne[1]
40 g	Honig (nach Geschmack)
4	Eigelb
300 ml	Milch[1]
1	Vanilleschote
120 g	Zucker
6 cl	weißer Rum

Mürbeteig

130 g	Mehl[2]
50 g	Butter[1]
1	Eigelb
¼ TL	Salz
1 TL	Zucker
1–2 EL	Milch[1]

Schokoladenfüllung

100 ml	Sahne[1]
50 g	Zucker
1	Ei
1	Eigelb
100 g	Kuvertüre[2]
50 g	Butter[1]

Das Rezept ist vegetarisch.

1 Bei Laktoseintoleranz durch laktosefreie Produkte ersetzen (siehe S. 188).

2 Rezeptvarianten bei Gluten- oder Laktoseunverträglichkeit auf den nächsten Seiten.

Basilikumeis
mit einer Schokoladentarte

Tipp!
Die Schokoladentörtchen sind sowohl warm als auch kalt ein Genuss – also wunderbar am Vortag vorzubereiten, um den Abend mit Ihren Gästen stressfrei ausklingen lassen zu können.

Zubereitung

ca. 40 Minuten
zzgl. Gefrierzeit des Basilikumeises

Basilikumeis

Basilikum 1 Bund waschen, Blätter abzupfen und gut abtropfen lassen. Die **Sahne** 200 ml mit **Honig** 40 g, **Zucker** 120 g und dem ausgekratzten **Vanillemark** von 1 Schote kurz aufkochen, dann unter Rühren auf ca. 60 °C abkühlen lassen. **Eigelbe** 4 verrühren, vorsichtig unter die Sahne ziehen und kalt rühren. Nun die kalte **Milch** 300 ml mit den Basilikumblättern mixen, zu der erkalteten Sahne-Eigelb-Masse geben und durch ein feines Sieb passieren. Abschließend den **Rum** 6 cl hinzufügen und in der Eismaschine frieren lassen.

Mürbeteig

Mehl 130 g, **Butter** 50 g, **Eigelb** 1, **Salz** ¼ TL, **Zucker** 1 TL und **Milch** 1–2 EL zügig zu einem Teig verkneten und in Frischhaltefolie mindestens 30 Minuten im Kühlschrank ruhen lassen. Nochmals durchkneten, dünn ausrollen und mit einem Tortenring passende Teigtaler für die Muffinform ausstechen. Diese damit auskleiden und im vorgeheizten Ofen bei 180 °C ca. 10 Minuten backen.

Schokoladenfüllung

Kuvertüre 100 g zerkleinern und im Wasserbad schmelzen. Die **Sahne** 100 ml mit dem **Zucker** 50 g kurz aufkochen, unter Rühren abkühlen lassen, damit nichts ansetzt. **Ei** 1 und **Eigelb** 1 leicht verschlagen und vorsichtig unterrühren. Die geschmolzene Kuvertüre mit der **Butter** 50 g in die noch warme Masse einrühren, die Mürbeteig-Muffinform damit füllen und bei 100 °C weitere 30 Minuten im Backofen garen.

Basilikumeis
mit einer Schokoladentarte

Weinempfehlung

Ein Wein zu diesem Gericht ist nicht leicht auszuwählen. Wie schon angemerkt – Gegensätze ziehen sich an. Leider ist das beim Kombinieren von Essen und Wein noch einmal viel schwieriger, als wenn sich der Koch auf die unterschiedlichen Zutaten im Gericht konzentrieren kann.

Wenn Sie einen Wein wählen, dann beschränken Sie sich hier auf die Schokolade. Lassen Sie das Eis aus. Der Wein darf ein Roter sein, sollte aber die nötige Eleganz aufweisen, um mit dem doch eher feinen Dessert einherzugehen. Die Saftigkeit und eine gewisse Spritzigkeit dürfen nicht fehlen. Versuchen Sie es. Es gibt viele Vin doux Naturelle aus dem Süden Frankreichs, die für jungen Genuss gemacht sind. Und genau so einen wollen sie.

Rezeptvarianten

Glutenfreie Variante
Das Rezept ist, bis auf den Weizenmehlanteil im Mürbeteig, glutenfrei. Das Weizenmehl kann durch Buchweizenmehl ersetzt werden.

Laktosefreie Variante
Für eine laktosefreie Alternative ist der Einsatz laktosefreier (Milch-)Produkte erforderlich.
Die Kuvertüre in der Schokoladenfüllung muss einen Kakaogehalt von mindestens 80 % haben, also eine edelbittere Sorte sein. Die Butter im Mürbeteig und in der Schokofüllung kann durch eine hochwertige Margarine ersetzt werden.

07 Menü

Vorspeise

Gebratene Sardinenfilets auf einem
Radieschen-Carpaccio mit Rucola

Hauptgericht

Geschmorte Lammschulter mit
getrockneten Tomaten und Rahmpolenta

Nachspeise

Kaiserschmarrn mit Orangen-Granitée
und Vanillesauce

Gebratene Sardinenfilets
auf einem Radieschen-Carpaccio mit Rucola

Gelungene Anmache

„Die Kunst des kreativen Kochens besteht darin, die Komplexität der Kombinationsmöglichkeiten so zu reduzieren, dass die einzelnen Geschmackskomponenten erkennbar sind und sich dennoch optimal ergänzen, wie zum Beispiel in dieser frischen, sommerlichen Vorspeise."

Zutaten für 4 Personen

Radieschen-Carpaccio

1 Bund	Radieschen
1	Schalotte
100 ml	Balsamico-Essig, weiß
100 ml	Gemüsebrühe (siehe Basics S. 181)
100 g	Schmand[1]
50 ml	Sahne[1]
4 EL	Olivenöl
10 Blätter	Koriandergrün (Menge nach Geschmack)
	Salz, Zucker, Pfeffer aus der Mühle
100 g	Rucola
50 ml	Dressing (siehe Basics S. 181)

Sardinen

6	Sardinen[2] à ca. 80 g
2 EL	Currypulver Madras
2 EL	Speisestärke
1	Knoblauchzehe
2 EL	Olivenöl

rosa Pfefferbeeren zum Garnieren

Das Rezept ist glutenfrei.

1 Bei Laktoseintoleranz durch laktosefreie Produkte ersetzen (siehe S. 188).

2 Eine vegetarische Variante finden Sie auf den nächsten Seiten.

Gebratene Sardinenfilets
auf einem Radieschen-Carpaccio mit Rucola

Zubereitung — ca. 30 Minuten

Radieschen-Carpaccio

Die **Schalotte** (1) schälen und würfeln, in **Olivenöl** (2 EL) anschwitzen, mit **Essig** (100 ml) und **Brühe** (100 ml) ablöschen. Würzig mit **Salz**, **Pfeffer** und **Zucker** abschmecken und auf Zimmertemperatur abkühlen lassen. **Radieschen** (1 Bund) waschen, z. B. mit einem Trüffelhobel in feine Scheiben schneiden und ca. 10 Minuten in der Marinade ziehen lassen.

Den **Schmand** (100 g) mit **Sahne** (50 ml), **Olivenöl** (2 EL), **Salz** und **Pfeffer** glattrühren, **Koriandergrün** (10 Blätter) feinschneiden, untermischen und jeweils einen Esslöffel davon auf die Teller streichen.

Rucola (100 g) waschen, zupfen und mit dem **Dressing** (50 ml) anmachen.

Sardinen

Die **Sardinen** (6 à ca. 80 g) filetieren, entgräten und von beiden Seiten leicht salzen. **Currypulver** (2 EL) und **Speisestärke** (2 EL) vermischen und die Hautseite damit mehlieren. Die Filets in einer Pfanne mit **Olivenöl** (2 EL) und einer angedrückten **Knoblauchzehe** (1) zuerst auf der Hautseite etwa 2 Minuten braten. Erst kurz vor dem Servieren noch einmal in der Pfanne wenden.

Die Radieschenscheiben aus der Marinade sieben und auf dem Korianderschmand wie ein Carpaccio anrichten, den Rucola in die Mitte setzen, darauf die Sardinenfilets. Mit einigen gemahlenen **rosa Pfefferbeeren** garnieren.

Weinempfehlung

Schärfe, Öligkeit, florale Aromen, Radieschen und Koriander – hier tut sich ein Wein auf, der von einer grünen Struktur geprägt ist. Sauvignon Blanc mit wenig Säure. Diesmal aber einer, der durch Saftigkeit und glasklare Frucht besticht.

Alternative: Ein typischer Grüner Veltliner aus dem Weinviertel. Einer, der sogar noch etwas Schärfe als Gegenpart mit sich bringt. Einer, der vor Frucht platzt. Aber leider auch einer, den man 8 bis 10 Monate nach der Ernte getrunken haben sollte. Einer, der für jetzt und hier bei diesem Sommergericht glänzt.

Vegetarische Rezeptvariante

Gebratene Curry-Apfelringe auf Radieschen-Carpaccio mit Rucola

Zutaten für 4 Personen

2	Äpfel (Pink Lady)
3 EL	Currypulver
2 EL	Rohrzucker
1/4	Vanilleschote
	Saft von 1/2 Zitrone
	Schnittlauch
etwas	Olivenöl zum Braten

Die Äpfel schälen und entkernen, anschließend in Ringe von 0,5 cm schneiden. Diese auf einem Teller mit dem ausgepressten Zitronensaft marinieren. Den Zucker mit der Currymischung und dem Mark der Vanilleschote mischen und die Apfelringe darin wälzen. In einer Pfanne das Öl erhitzen und die Äpfel bei mittlerer Hitze darin goldgelb braten. Der Zucker karamellisiert und verleiht dem Curry die passende Süße zu dem säuerlichen Apfel. Jeweils 3 bis 4 Ringe auf den Radieschen anrichten und mit Schnittlauchröllchen bestreuen.

Liebhaberstück

„Für einen guten Braten, wie für eine gute Freundschaft, braucht man Zeit, Geduld und Einfühlungsvermögen ... Ein gutes Gespräch, ein Gläschen zwischendurch, während der Bratenduft langsam durch den Raum zieht – was braucht man mehr?“

Zutaten für 4 Personen

	Lammschultern
ca. 1,5 kg	Lammschultern mit Knochen[1]
etwas	Butterschmalz[2]
100 g	Sellerie
100 g	Karotten
1	Zwiebel
1	Knoblauchzehe
1 EL	Tomatenmark
400 ml	Rotwein
1 EL	Zucker
1	Lorbeerblatt
3–5	Wacholderbeeren
50 g	Butter[3]
je 1 Zweig	Rosmarin, Salbei, Thymian
	Rahmpolenta
200 g	Polenta (schnellkochend)
200 ml	Gemüsebrühe (siehe Basics S. 181)
1	Gemüsezwiebel
100 ml	Sahne[3]
2 EL	Olivenöl
2	rote Paprikaschoten
	Muskatnuss
	Salz, Pfeffer aus der Mühle
ca. 20 Viertel	getrocknete Tomaten (siehe Basics S. 186)

Das Rezept ist glutenfrei.

1 Eine vegetarische Variante finden Sie auf den folgenden Seiten.

2 Bei Laktoseintoleranz durch je zur Hälfte laktosefreie Butter und Pflanzenöl ersetzen.

3 Bei Laktoseintoleranz durch laktosefreie Produkte ersetzen (siehe S. 188).

Geschmorte Lammschulter
mit getrockneten Tomaten und Rahmpolenta

Zubereitung ca. 2,5 Stunden

Lammschultern

Die **Lammschultern** (ca. 1,5 kg) salzen, in einem Bräter mit etwas **Butterschmalz** von allen Seiten kross anbraten und dann beiseite legen. **Sellerie** (100 g), **Karotten** (100 g) und **Zwiebel** (1) schälen und in Würfel schneiden. Die ganze **Knoblauchzehe** (1) mit der flachen Messerklinge leicht andrücken, damit sie mehr Aroma abgibt. Alles zusammen mit dem **Tomatenmark** (1 EL) in den Bräter geben und rösten und dann mit **Rotwein** (400 ml) ablöschen. Nun **Lorbeer** (1 Blatt), **Wacholder** (3–5 Beeren), **Rosmarin**, **Salbei**, **Thymian** (je 1 Zweig) und die Lammschultern dazu geben. Im vorgeheizten Backofen bei 180 °C ca. 60 Minuten im geschlossenen Bräter schmoren, dann weitere 60 Minuten ohne Deckel bei 120 °C, wobei der Braten gelegentlich mit dem Bratensaft übergossen wird.

Rahmpolenta

Paprikaschoten (2) mit einem Sparschäler schälen, Kerngehäuse auslösen und in feine Würfel schneiden. **Gemüsezwiebel** (1) ebenfalls schälen und würfeln. Dann beides in einem Topf mit **Olivenöl** (2 EL) anschwitzen und mit **Brühe** (200 ml) und **Sahne** (100 ml) ablöschen. Mit **Salz**, **Pfeffer** und frisch geriebener **Muskatnuss** abschmecken und unter Rühren mit einem Kochlöffel die **Polenta** (200 g) langsam zufügen. Bei mittlerer Hitze ca. 10 Minuten garen.

Die Lammschultern aus dem Bräter nehmen und tranchieren. Den Bratensaft passieren und auf ¼ reduzieren, anschließend mit der kalten **Butter** (50 g) zu einer sämigen Sauce abbinden und nochmals mit **Salz**, **Pfeffer** und **Zucker** (1 EL) abschmecken. Die Polenta auf einem Teller anrichten, die gewärmten Tomaten darübergeben und das Fleisch mit der Sauce danebensetzen.

Geschmorte Lammschulter
mit getrockneten Tomaten und Rahmpolenta

Weinempfehlung

In Rotwein geschmorte Gerichte sind für uns Weinliebhaber, gerade für die, die nur Rotwein trinken, ein Segen. Ob Brunello oder Barbaresco aus Italien, ein Cotie Rotie oder Hermitage von der Rhône/Frankreich, ein Cabernet oder Merlot aus Südafrika, Kalifornien oder Australien. Alles geht und schmeckt gerade hier. Wieso? Am besten verfeinern Sie die Soße bzw. den Schmoransatz mit dem Rotwein, den sie trinken – aber bitte nicht die halbe Flasche. Die Aromatik verbindet sich. Hat ein Wein einen Duft, der an Leder, Fell, Pilze, reife Früchte erinnert, dann halten Sie einmal die Nase über den Schmortopf und Sie werden verstehen, wieso wir Weinliebhaber das als ideale Ergänzung sehen.

Vegetarische Variante

Gebackene Zwiebeln mit getrockneten Tomaten, Rahmpolenta und Traubenkernöl-Vinaigrette

Zutaten für 4 Personen

4	rote Zwiebeln
8	weiße Zwiebeln
	grobes Meersalz
	Traubenkernöl-Vinaigrette
2 EL	Rotweinessig
6 EL	Traubenkernöl

Den Ofen auf 150 °C vorheizen. Die äußere, pergamentartige Haut der Zwiebeln abschneiden. Zwiebeln auf eine Schicht grobes Meersalz auf ein Backblech setzten und bei 150 °C backen, bis sie weich sind. Den Gargrad der Zwiebeln zwischendurch mit einem dünnen Spieß prüfen. Jeweils 1 rote und 2 weiße Zwiebeln auf der Rahmpolenta mit den Tomaten anrichten und mit der Traubenkernöl-Vinaigrette nappieren.

Kaiserschmarrn
mit Orangen-Granitée und Vanillesauce

Gemeinsamer Höhepunkt

„Fast jeder Österreich-Urlauber ist süchtig danach und kann eine der vielen Legenden, die sich darum ranken, gar nicht nachvollziehen: Kaiser Franz Joseph I. (1830–1916) liebte Mehlspeisen zum Nachtisch; gelangen diese dem Koch einmal nicht, weil sie z. B. zu trocken oder zu zerrissen waren, wurden sie dem Personal gereicht, mit dem Kommentar: ‚So a Schmarrn, des am Kaiser zu servier'n.' – Wir sind glücklich damit ..."

Zutaten für 4 Personen

Orangen-Granitée

4	reife Orangen
50 ml	Läuterzucker
6 cl	Orangenlikör

Kaiserschmarrn

200 g	Mehl[1]
5	Eigelb
5	Eiweiß
40 g	Butter[2]
100 ml	Milch[2]
50 g	Zucker
2–3 EL	Rosinen
4 cl	Jamaica-Rum
2 EL	Zucker zum Karamellisieren
1 EL	Butter zum Karamellisieren
1 EL	Puderzucker zum Bestreuen

Vanillesauce

4	Eigelb
150 ml	Milch[2]
150 ml	Sahne[2]
40 g	Zucker
1	Vanilleschote

Das Rezept ist vegetarisch.

1 Enthält Gluten, ggf. durch glutenfreies Mehl (z. B. Buchweizen) ersetzen.

2 Bei Laktoseintoleranz durch laktosefreie Produkte ersetzen (siehe S. 188).

Kaiserschmarrn
mit Orangen-Granitée und Vanillesauce

Zubereitung

ca. 30 Minuten
zzgl. Gefrierzeit des Granitées

Orangen-Granitée

Die **Orangen** (4) mit einem scharfen Messer so schälen, dass keine weiße Schale mehr sichtbar ist. Das Fruchtfleisch aus den Kammern herauslösen, mit dem **Läuterzucker** (50 ml) pürieren und durch ein Passiersieb streichen. Den Saft in einer flachen Metallschale auffangen, **Orangenlikör** (6 cl) unterrühren und ins Gefrierfach stellen. Während des Gefrierens den Saft alle 15 Minuten mit einer Gabel umrühren, bis er zu großen Kristallen erstarrt.

Kaiserschmarrn

Rosinen (2–3 EL) mindestens 30 Minuten in lauwarmem **Rum** (4 cl) ziehen lassen. Die **Eigelbe** (5) verrühren und mit dem **Mehl** (200 g) vermischen. **Milch** (100 g) mit der Hälfte der **Butter** (20 g) erwärmen, bis diese sich aufgelöst hat. Restliche **Butter** (20 g) leicht bräunen. **Eiweiß** (5) mit dem **Zucker** (50 g) steif schlagen und unter die Mehl-Ei-Masse ziehen.

Diese Teigmasse nun mit der gebräunten Butter etwa 3 cm dick in eine heiße Pfanne geben und im vorgeheizten Backofen bei 200 °C ca. 5 Minuten garen. Dann mit einem Kochlöffel oder Pfannenwender zerteilen und vorsichtig wenden. Die Rosinen mit dem Rum hinzufügen und, unter Zugabe von **Zucker** (2 EL) und **Butter** (1 EL), den Kaiserschmarrn mit dem Kochlöffel in kleine Stücke reißen und auf dem Herd goldgelb karamellisieren.

Vanillesauce

Vanillemark (von 1 Schote) auskratzen und mit **Milch** (150 ml), **Sahne** (150 ml), **Zucker** (40 g) und den **Eigelben** (4) verrühren. Über dem Wasserbad bis auf ca. 75 °C erwärmen. Diese Temperatur etwa 5 Minuten lang halten und permanent rühren, bis die Eigelbe anfangen zu stocken und die Sauce schön dickflüssig wird.

Kaiserschmarrn auf dem Teller anrichten, mit **Puderzucker** (1 EL) bestreuen und nach Geschmack mit Vanillesauce überziehen.

Weinempfehlung

Ein Wein vom Neusiedlersee/Österreich südlich von Wien ergänzt sich gut zu Vanillesauce und diesem Klassiker aus der österreichischen Spezialitätenküche. Eine feine Auslese oder eine elegante Beerenauslese fügt sich Rosinen, dem Schmarrn und der Vanillesauce. Der Wein muss nicht dominieren, denn bei manchen Gerichten benötigt man eine Begleitung, aber auf keinen Fall jemanden, der gegen diesen großen Klassiker antritt. Der hat meist sowieso verloren.

Laktosefreie Rezeptvariante

Bei dem Kaiserschmarrn kann die Milch auch durch Mineralwasser ersetzt werden. Die Butter wird durch pflanzliche Margarine oder laktosefreie Butter (siehe S. 188) ersetzt.

Bei der Vanillesauce bleiben die Zutaten bis auf die Sahne und die Milch bestehen. Die Milchbestandteile kann man durch Sojamilch ersetzen. Laktosefreie Sahne (siehe S. 188) für die Vanillesauce verwenden.

08 Menü

Vorspeise

Heilbutt mit Morchelschmelze
und Petersilienpüree

Hauptgericht

Rehrücken aus der Honig-Sternanis-Beize
mit Pfefferkirschen und Spitzkohl

Nachspeise

Gelackter Aprikosenstrudel
mit Pistazien-Mousse

Kleiner Gang – ganz groß

„Mit den besten Zutaten aus Wald und Meer erhalten Sie eine außergewöhnliche Kombination und erweitern die Grenzen der Geschmackserfahrungen. Ein ideales Gericht für Entdecker.“

Zutaten für 4 Personen

Morchelschmelze

100 g	frische Spitzmorcheln
	(alternativ 20 g getrocknete, die 20 Minuten in lauwarmem Wasser eingeweicht werden müssen)
50 g	Butter[1]
30 g	Paniermehl[2]
	Salz

Heilbutt

400 g	Heilbuttfilet[3]
50 g	Butterschmalz[4]
	Salz

Petersilienpüree

1 Bund	Blattpetersilie
1	mittelgroße Zwiebel
2 EL	Pflanzen- oder Olivenöl
	Muskatnuss
	Salz, Pfeffer aus der Mühle

1 Bei Laktoseintoleranz durch laktosefreie Butter ersetzen (siehe S. 188).
2 Das Rezept ist glutenfrei, wenn Sie das Paniermehl gegen ein glutenfreies Produkt tauschen (z. B. aus dem Reformhaus „Pan Grati“ von Schär).
3 Eine vegetarische Variante finden Sie auf den folgenden Seiten.
4 Bei Laktoseintoleranz durch je zur Hälfte laktosefreie Butter und Pflanzenöl ersetzen.

Heilbutt
mit Morchelschmelze und Petersilienpüree

Zubereitung

ca. 30 Minuten

Morchelschmelze

Die **Morcheln** (100 g) waschen, putzen und halbieren. Dann in einer Salatschleuder trockenschleudern oder auf Küchenpapier abtrocknen lassen. In einer Pfanne mit **Butter** (50 g) bei mittlerer Hitze anschwitzen, leicht salzen und das **Paniermehl** (30 g) kurz mitrösten.

Heilbuttfilet

Das gehäutete **Heilbuttfilet** (400 g) portionieren und von beiden Seiten salzen. Dann in einer Pfanne mit **Butterschmalz** (50 g) von beiden Seiten anbraten, zuerst ca. 3 Minuten auf der Hautseite, dann auf der anderen etwa 1 Minute. Im vorgeheizten Ofen bei 140 °C ca. 10 Minuten fertig garen.

Petersilienpüree

Petersilie (1 Bund) mit den Stielen in kochendem **Salzwasser** ca. 8 Minuten blanchieren und in Eiswasser abschrecken. **Zwiebel** (1) schälen, grob würfeln und in **Öl** (2 EL) glasig anschwitzen. Mit **Salz**, **Pfeffer** und **Muskatnuss** würzen und dann zusammen mit der Petersilie im Cutter oder in einer Moulinette zu einem glatten Püree mixen.

Der Heilbutt gehört zu den Edelfischen. Sein delikates Fleisch ist weiß und zart und gilt im Herbst und Winter als besonders schmackhaft. Der räuberische Grundfisch, der sich in bis zu 2.000 m Tiefe am wohlsten fühlt, ist nur mit aufwendigen Fischereimethoden zu fangen und deshalb nicht ganz billig.

Heilbutt
mit Morchelschmelze und Petersilienpüree

Weinempfehlung

Dieses von den Aromen an Leipziger Allerlei erinnernde Gericht passt ganz wunderbar zu einem leichten, restsüßen Riesling von der Mosel. Die Kabinette in fruchtiger Richtung von der Mittelmosel um Bernkastel-Kues, Traben-Trarbach und Piesport ergänzen durch Schmelz, Leichtigkeit und viel Frische und Finesse dieses Gericht. Sowohl jung als auch alt getrunken, machen diese Weine hier unglaublichen Trinkspaß. Auch wenn Sie auf den ersten Eindruck zuviel Süße spüren, lassen Sie sich darauf ein und versuchen Sie, mit dem Gericht und seinen Aromen zu gehen.

Alternativen: Sicher gibt es noch viele Empfehlungen, die zu diesem Gericht passen, aber manchmal muss man stur bleiben und versuchen, sich auf die erste Empfehlung zu verständigen. Also probieren sie einen restsüßen Riesling Kabinett von der Mittelmosel, aus einem guten bis sehr guten Haus. Ihr kompetenter Weinhändler wird Sie entsprechend beraten. Versprochen!

Vegetarische Rezeptvariante

Gebratenes Kartoffel-Carpaccio mit Morchelschmelze und Petersilienpüree

Zutaten für 4 Personen

200 g	große Kartoffeln
20 ml	Olivenöl
1	kleine Chili
	Salz

Die Kartoffeln schälen und auf der Aufschnittmaschine in 2 mm dünne Scheiben schneiden. Das Olivenöl in der Pfanne erhitzen und die Chili darin anbraten, anschließend herausnehmen und die Kartoffelscheiben darin goldgelb braten. Mit Salz würzen und auf dem Petersilienpüree servieren.

Spitzmorchel

Die Spitzmorchel ist ein erlesener Speisepilz, der von manchen Gourmets mehr geschätzt wird als z. B. der Steinpilz. Frische Spitzmorcheln sind von März bis etwa Ende Mai zu erhalten, sind aber auch getrocknet eine besondere Delikatesse.

Rehrücken aus der Honig-Sternanis-Beize

mit Pfefferkirschen und Spitzkohl

Jägermeisters Liebling

„Das äußerst zarte Rehrückenfilet mit den fruchtig-würzigen Kirschen und dem frisch-grünen Spitzkohl ergibt nicht nur farblich eine große Komposition.“

Zutaten für 4 Personen

Rehrücken

ca. 800 g	Rehrücken[1], ausgelöst
1–2 EL	Butterschmalz[2]
4 EL	Honig (nach Geschmack)
50 g	Sternanis, ganz
50 ml	weißer Portwein
	Salz

Pfefferkirschen

200 g	Kirschen
2	Schalotten
2 TL	Zucker
50 ml	roter Portwein
50 g	Butter[3]
	Salz, schwarzer Pfeffer aus der Mühle

Spitzkohl

1	Spitzkohlkopf
50 ml	Gemüsebrühe (siehe Basics S. 181)
50 g	Butter[3]
	Salz, Pfeffer aus der Mühle

Fleisch und Gemüse sind glutenfrei. Eine passende glutenfreie Beilage sind z. B. Bratkartoffeln.

1 Eine vegetarische Rezeptvariante finden sie auf den folgenden Seiten.

2 Bei Laktoseintoleranz durch je zur Hälfte laktosefreie Butter und Pflanzenöl ersetzen.

3 Bei Laktoseintoleranz durch laktosefreie Butter ersetzen (siehe S. 188).

Rehrücken aus der Honig-Sternanis-Beize

mit Pfefferkirschen und Spitzkohl

Zubereitung ca. 40 Minuten

Rehrückenfilet

Das **Filet** ca. 800 g eventuell von Sehnen befreien und portionieren. Den **Honig** 4 EL in einer Pfanne leicht karamellisieren und mit **Portwein** 50 ml ablöschen, **Sternanis** 50 g und eine Prise **Salz** hinzufügen. Das Fleisch mit der Honig-Sternanis-Beize bestreichen und in einer anderen Pfanne mit **Butterschmalz** 1–2 EL von beiden Seiten ca. 30 Sekunden stark anbraten. Abschließend die Pfanne in den vorgeheizten Ofen schieben und das Filet bei 90 °C etwa 20 Minuten mit der Beize garen.

Pfefferkirschen

Die **Kirschen** 200 g waschen, entsteinen, vierteln und gut abtropfen lassen. **Schalotten** 2 schälen, in feine Würfel schneiden und in einer Pfanne mit **Butter** 50 g goldbraun anrösten. Kirschen zufügen und dann mit **Portwein** 50 ml ablöschen. Mit **Salz**, **Pfeffer** und **Zucker** 2 TL abschmecken und dann leicht einreduzieren.

Spitzkohl

Spitzkohl 1 von den groben äußeren Blättern befreien, halbieren, den Strunk entfernen und dann in feine Streifen schneiden. Diese in einem Topf mit **Butter** 50 g anschwitzen. Dann mit der **Gemüsebrühe** 50 ml ablöschen, mit **Salz** und **Pfeffer** abschmecken und bei mittlerer Hitze ca. 10 Minuten köcheln lassen.

Dazu passt ausgezeichnet ein Grießstrudel, den Sie bei den Basics finden.

Weinempfehlung

Kirschen und Pfeffer. Kühle und Mineralik. Nord-Rhône/Frankreich als Stichwort. Syrah als Traube. Granit und Schiefer, die den Wein bestimmen. Pfeffrigkeit mit einer feinen, aber meist unglaublich eleganten, kühlen Frucht gepaart – dieser Wein wird bei diesem Gericht begeistern. Cornas, Crozes-Hermitage, St. Joseph, die wohl jeher unbekannten AOC der Nord-Rhône ergänzen und bestimmen wohl zugleich diesen Gang. Wein, gemacht für dieses Essen.

Alternativen: Wenn es denn unbedingt sein muss, würde ich aus einem warmen Jahr einen Sangiovese aus der Toskana/Italien wählen. Einen, der nicht modern ist, aber eine Frucht und eine Feinheit mit sich bringt, die wiederum schmeichelnd und zugleich so dominant ist, dass sie gegen Wild, Pfeffer und Kirschen besteht.

Vegetarische Rezeptvariante

Getrüffelte Canneloni mit Pfefferkirschen und Spitzkohl

In dieser Variante entfällt der Grießstrudel als Beilage, da der Nudelteig die Sättigungsbeilage darstellt. Die Canneloni ist mit einer getrüffelten Kartoffelmasse gefüllt.

Zutaten für 4 Personen

8	Canneloni-Nudeln zum Füllen
500 g	mehlig kochende Kartoffeln
3	Eigelb
2 EL	Steinpilzöl
2 EL	frisch geriebener schwarzer Trüffel (oder Trüffelpüree aus dem Glas)
	geriebene Muskatnuss
	Salz

Die Nudeln in reichlich Salzwasser bissfest kochen, anschließend in kaltem Wasser abkühlen lassen. Die Kartoffeln schälen und kochen, bis sie leicht zerfallen. Das heiße Wasser abgießen und die Kartoffeln für 10 Minuten im Ofen bei einer Temperatur von 150 °C ausdämpfen (trocknen). Die Kartoffeln durch eine Kartoffelpresse in eine Schüssel drücken. Eigelbe, Steinpilzöl, Trüffel und Muskatnuss zufügen und schnell zu einer homogenen Masse verarbeiten. Mit einem Spritzbeutel die Masse in die Canneloni füllen. Die Canneloni im Ofen bei 170 °C 15 Minuten backen und mit ein paar Spänen Parmesan servieren.

Widerstand zwecklos

„Dieser verführerisch duftende Augenschmaus lässt Sie als Gastgeber wahrhaft glänzen und Ihre Gäste strahlen ...“

Zutaten für 4 Personen

Pistazien-Mousse

60 g	weiße Schokolade[1]
4 cl	Amaretto
100 g	Pistazienmark aus dem Glas (z. B. von Bos Food)
3 Blatt	weiße Gelatine[2]
3	Eigelb
3	Eiweiß
50 g	Zucker
100 ml	Sahne[1]
100 g	gehackte Pistazien

Aprikosenstrudel

2 Blätter	Strudelteig[3] (TK, ca. 30 x 30 cm)
1 kg	Aprikosen
100 g	Butter[1]
60 g	Paniermehl[3]
60 g	brauner Zucker
60 g	Aprikosenkonfitüre
6 cl	Pfirsichlikör
3 EL	Butter[1]
4 EL	Wasser

1 Eine laktosefreie Alternative finden Sie auf den nächsten Seiten.
2 Gelatine für Vegetarier gegen Agar Agar tauschen (Hinweis siehe Seite 99).
3 Für eine glutenfreie Variante ersetzen Sie den Strudelteig durch Reisblätter aus dem Asia-Handel und lassen das Paniermehl weg.

Gelackter Aprikosenstrudel
mit Pistazien-Mousse

Zubereitung

ca. 50 Minuten
zzgl. 3 Stunden Abkühlzeit der Mousse

Pistazien-Mousse

Gelatine 3 Blatt etwa 10 Minuten in wenig kaltem Wasser einweichen. Die **Eigelbe** 3 auf dem Wasserbad vorsichtig warm aufschlagen, **Schokolade** 60 g ebenfalls auf dem Wasserbad schmelzen und dann unter die Eigelbmasse rühren. Gelatine ausdrücken und mit dem **Amaretto** 4 cl leicht erwärmen, bis sie sich vollständig aufgelöst hat, unter die Eigelb-Schokoladenmasse rühren und das **Pistazienmark** 100 g zufügen. **Sahne** 100 ml schlagen, **Eiweiß** 3 mit dem **Zucker** 50 g steifschlagen. Beides unter die Masse heben und zuletzt die gehackten **Pistazien** 100 g unterrühren. Mindestens 3 Stunden kalt stellen.

Aprikosenstrudel

Aprikosen 1 kg waschen, entsteinen und in kleine Würfel schneiden, mit **Pfirsichlikör** 6 cl und **braunem Zucker** 60 g marinieren und ca. 20 Minuten kalt ziehen lassen. Anschließend auf einem Sieb abtrocknen lassen. Den Likör zum späteren Anrichten auffangen.

Das **Paniermehl** 60 g in einer Pfanne mit wenig **Butter** 1 EL kurz anrösten. **Butter** 100 g in einem kleinen Topf schmelzen. Ein großes Tuch ausbreiten und darauf ein **Strudelblatt** legen, mit der flüssigen Butter bestreichen und dem gerösteten Paniermehl bestreuen. Nun an einem Ende des Teigblatts die Aprikosenwürfel in einer Linie verteilen. Mit Hilfe des Tuchs lässt sich der Strudel fest aufrollen. Mit dem anderen Strudelblatt ebenso verfahren und dann auf einem gebutterten Blech im vorgeheizten Ofen bei 200 °C etwa 30 Minuten backen.

Nach dem Backen die **Konfitüre** 60 g mit ein wenig **Wasser** 4 EL in einem Topf erwärmen und die Strudel großzügig damit bestreichen, bis sie appetitlich glänzen.

Die Strudel in vier Teile schräg aufschneiden und auf einem Teller neben den Pistazien-Mousse-Nocken anrichten. Mit gehackten **Pistazien** garnieren und mit dem **Pfirsichlikör** beträufeln.

Gelackter Aprikosenstrudel
mit Pistazien-Mousse

Weinempfehlung

Ein Passito aus Italien. Passito heißt soviel wie eingetrocknet, rosinierte Trauben, die nach der Art eines Strohweins hergestellt werden. Die Trauben werden dabei getrocknet und im Anschluss zu Wein verarbeitet. Die willenlose Viskosität mit viel Spiel und Schmelz zeugt von nicht enden wollender Kraft mit einer Langlebigkeit, die ihresgleichen sucht. Nicht nur in Italien ist diese Variante von Wein bekannt, sondern gerade die Winzer im Jura/Frankreich und die Weinbauern vom Neusiedlersee/Österreich kennen sich mit Vin de Paille oder Strohwein gut aus. Die drei Komponenten Strudel, Aprikose und Wein ergänzen sich hier nicht nur, sondern schaffen Neues.

Laktosefreie Rezeptvariante
Aprikosenravioli mit Pistazien

Zutaten für 4 Personen

	Nudelteig
180 g	Mehl
180 g	Hartweizengrieß
2	Eigelb
1	Ei
20 ml	Wasser
1 EL	Olivenöl
1	Zimtstange
1	Sternanis
	Salz
	Füllung
1 kg	Aprikosen
60 g	brauner Zucker
20 g	Aprikosenkonfitüre
6 cl	Pfirsichlikör
20 g	Margarine

Für die Füllung die Aprikosen waschen, entsteinen und in kleine Würfel schneiden; mit Pfirsichlikör und braunem Zucker marinieren und etwa 20 Minuten kalt ziehen lassen. Anschließend auf einem Sieb abtrocknen lassen und dabei den Likör zum späteren Anrichten auffangen. Das Paniermehl in einer Pfanne mit wenig Margarine kurz anrösten und die Aprikosen sowie die restlichen Zutaten zufügen. Den Nudelteig nach dem Rezept von S. 50 herstellen und 10 cm große Kreise ausstechen. Diese mit Aprikosen belegen, mit ein wenig Eigelb bestreichen und zukleben. Einen Topf mit Wasser füllen und dieses mit reichlich Zucker, einer Stange Zimt und einer Sternanis zum Kochen bringen. Die Ravioli in dem Zuckerwasser kochen, mit gehackten Pistazien garnieren und mit Pfirsichlikör beträufeln.

Bitte beachten Sie: Diese Variante ist nicht glutenfrei!

09 Menü

146

Vorspeise

Strammer Max vom Kalbstafelspitz
mit einem Kräutersalat

Hauptgericht

Schwäbisch Hällisches Schweinefilet
mit Steinpilz-Parpadelle

Nachspeise

Orangen-Tiramisu mit Gewürzorangen-Filets

Strammer Max vom Kalbstafelspitz

mit einem Kräutersalat

Zeichen setzen

„Scheinbar Alltägliches neu zu entdecken, ist eines der beglückenden Erlebnisse beim Kochen. Dass ein Strammer Max nicht nur ein kräftiges Frühstück darstellen kann, beweist dieses Gericht."

Zutaten für 4 Personen

Kalbstafelspitz

600 g	Kalbstafelspitz[1]
2	Zwiebeln
200 g	Karotten
200 g	Knollensellerie
je 1 Zweig	Rosmarin, Thymian
1 Blatt	Lorbeer
100 g	grobkörniger Senf (z. B. Dijon oder Pommery)
100 g	feiner, mittelscharfer Senf
200 g	Mehl[2]
1 EL	Butterschmalz[3]
	Salz, Pfeffer aus der Mühle

Kräutersalat

30 g	Kerbel
30 g	Schnittlauch
30 g	Blattpetersilie
30 g	Sauerampfer
30 g	Koriandergrün (oder weniger)
30 g	Dill
50 g	Rucola
1 TL	Butterschmalz[3]
50 ml	Dressing (siehe Basics S. 181)
1 EL	Crème fraîche[4]
4	Eier

1 Eine vegetarische Variante finden Sie auf den folgenden Seiten.
2 Enthält Gluten, ggf. durch glutenfreies Mehl (z. B. Buchweizen) ersetzen.
3 Bei Laktoseintoleranz durch je zur Hälfte laktosefreie Butter und Pflanzenöl ersetzen.
4 Laktosefreie Alternative: Soja-Cuisine von alpro soja.

Strammer Max vom Kalbstafelspitz
mit einem Kräutersalat

Zubereitung

ca. 1,5 Stunden
zzgl. Abkühlzeit des Fleisches

Kalbstafelspitz

In einem großen Topf 2 l Wasser zum Kochen bringen. Den von Fett und Silberhaut befreiten **Tafelspitz** (600 g) zusammen mit den gewürfelten **Zwiebeln** (2), **Karotten** (200 g) und **Sellerie** (200 g) sowie den Gewürzen **Rosmarin** (1 Zweig), **Thymian** (1 Zweig) und einem **Lorbeerblatt** (1 Blatt) in das Wasser geben. Das Ganze 60 Minuten bei mittlerer Hitze köcheln lassen. Dann den gegarten Tafelspitz aus der Brühe nehmen und auskühlen lassen. Danach im Kühlschrank ca. 2 Stunden abkühlen lassen, damit er sich gut schneiden lässt. Die beiden **Senfsorten** (je 100 g) miteinander vermischen. Den Tafelspitz gegen die Faser in etwa 0,5 bis 1 cm starke Scheiben aufschneiden. Eine Seite mehlieren, mit der Senfmischung bestreichen und nochmals mehlieren. Dann in einer Pfanne mit etwas **Butterschmalz** (1 EL) auf der Senfseite kross anbraten.

Kräutersalat

Kräuter (je 30 g) und **Rucola** (50 g) waschen, zupfen, trocken schleudern und klein schneiden. **Dressing** (50 ml) und **Crème fraîche** (1 EL) verrühren und den Kräutersalat damit anmachen. Die **Eier** (4) in einer Pfanne mit etwas **Butterschmalz** (1 TL) bei mittlerer Hitze braten. Dann mit einem Ring das Eigelb so ausstechen, dass ein kleiner, weißer Rand erhalten bleibt.

Den Kräutersalat mittig auf einem flachen Teller anrichten, die Kalbstafelspitz-Tranchen und das Spiegelei daraufsetzen und mit Salz und Pfeffer würzen.

Tipp!
Die geschmackvolle Brühe, in der der Kalbstafelspitz gekocht worden ist, kann man wunderbar weiterverwenden.

Tipp!
Gemahlene Korianderkörner haben einen sehr feinen, süßlich-pfeffrigen Duft. Frisches Koriandergrün hingegen ist etwas scharf und hat einen liebstöckelähnlichen, sehr intensiven (manche behaupten: „seifigen“) Geschmack. Also erstmal probieren, ob dieser Ihnen zusagt.

Weinempfehlung

Wieso muss man immer Wein zum Essen trinken? Versuchen Sie doch mal ein anständiges Bier. Vertrauen Sie auf eine Hausbrauerei. Ob nun in Düsseldorf das Uerige Alt, in Köln Päffgen Kölsch oder ein Bockbier aus dem fränkischen Raum – alles passt und hat seine Bedeutung zu so einem bodenständigen Gericht wie Strammer Max.

Alternative: Wenn es nun doch ein Wein sein muss oder soll, weil Besuch kommt und dieser vielleicht weiblicher Natur ist, dann probieren Sie einen spritzigen Grünen Veltliner aus dem Kamptal oder Kremstal. Die Fülle und gleichzeitig die Cremigkeit passen sich wunderbar dem Essen an. Eine gewisse Rustikalität mit genügend Schmelz und vielleicht einem etwas höheren Restzuckergehalt im Wein ergänzen sich hier wunderbar.

Vegetarische Rezeptvariante

Anstatt Tafelspitz können Zucchinischeiben mit Feigensenf bestrichen werden und, wie im Rezept beschrieben, in der Pfanne in etwas Olivenöl gebraten werden. Bei streng laktosefreier Ernährung bitte beim Senf auf die Inhaltsstoffe achten. Einige Senfsorten enthalten Milchspuren.

Schwäbisch Hällisches Schweinefilet

mit Steinpilz-Parpadelle

Darauf kann man bauen

„Weshalb der Ausdruck ‚Schwein gehabt!' für unverhofftes Glück steht, werden Sie nachvollziehen können, wenn Sie das Fleisch dieser mit Sinn für Tradition und Ursprünglichkeit aufgezogenen Schweinerasse gekostet haben!"

Zutaten für 4 Personen

800 g	Schwäbisch Hällisches Schweinefilet[1]
80 g	Butterschmalz[2]
	Marinade
100 ml	dunkler Balsamico-Essig
150 ml	Rotwein
150 ml	roter Portwein
2	Zwiebeln
je 100 g	Karotten, Knollensellerie
1 EL	Tomatenmark
je 2 Zweige	Rosmarin und Thymian
2	Lorbeerblätter
1 EL	Wacholderbeeren
8	Gewürznelken
50 g	Butter[3]
80 g	Butterschmalz[2]
	Salz, Zucker, Pfeffer aus der Mühle
	Nudelteig
175 g	Weizengrieß[4]
175 g	Weizenmehl[4]
1	Ei
2	Eigelb
2 EL	Steinpilzöl
	Wasser, Salz
	Steinpilze
500 g	Steinpilze
3	Schalotten
50 g	Butter[3]

1 Eine vegetarische Variante finden Sie auf den nächsten Seiten.
2 Bei Laktoseintoleranz je zur Hälfte durch laktosefreie Butter und Pflanzenöl ersetzen.
3 Bei Laktoseintoleranz durch laktosefreie Butter ersetzen (siehe S. 188).
4 Das Rezept ist glutenfrei, wenn glutenfreie Nudeln verwendet werden.

Schwäbisch Hällisches Schweinefilet

mit Steinpilz-Parpadelle

Zubereitung

ca. 60 Minuten
zzgl. 12 Stunden Marinierzeit

Marinade, Filet

Sellerie (100 g), **Karotten** (100 g) und **Zwiebeln** (2) schälen und in kleine Würfel schneiden, dann in einem Topf mit **Butterschmalz** (80 g) anrösten. **Rosmarin** (2 Zweige), **Thymian** (2 Zweige), **Lorbeerblätter** (2), **Wacholderbeeren** (1 EL), **Nelken** (8) und **Tomatenmark** (1 EL) hinzufügen und mitrösten. Dann mit dunklem **Balsamico-Essig** (100 ml), **Rotwein** (150 ml) und **Portwein** (150 ml) ablöschen und ca. 10 Minuten kochen lassen. Das **Schweinefilet** (800 g) portionieren und in der erkalteten Marinade mindestens 12 Stunden einlegen. Das Filet aus der Marinade nehmen, diese durch ein feines Sieb passieren, bei mittlerer Hitze auf etwa ¼ reduzieren und mit der in kleine Stücke geschnittenen **Butter** (50 g) zu einer sämigen Sauce abbinden. Mit **Salz**, **Pfeffer** und **Zucker** abschmecken.

Filetstücke salzen und in einer Pfanne mit **Butterschmalz** (80 g) von beiden Seiten stark anbraten. Dann auf ein Backblech legen, die Sauce hinzufügen und im vorgeheizten Ofen bei 90 °C ca. 15 Minuten ruhen lassen.

Nudelteig

Mehl (175 g), **Grieß** (175 g), **Ei** (1), **Eigelb** (2), **Salz** und **Steinpilzöl** (2 EL) mit etwas **Wasser** zu einem geschmeidigen Teig verarbeiten. Auf der Nudelmaschine ausrollen und in ca. 1 cm breite Streifen schneiden, dann etwa 2 Minuten in sprudelnd kochendem Salzwasser garen.

Steinpilze

Pilze (500 g) putzen, waschen und in Würfel schneiden. **Schalotten** (3) schälen und ebenfalls würfeln. Die Steinpilzwürfel in einer großen Pfanne mit **Butter** (50 g) goldbraun anrösten und, erst kurz vor dem Anrichten, die Schalottenwürfel und die Parpadelle mitbraten.

Auf einem großen tiefen Teller anrichten, das Schweinefilet daraufsetzen und mit der Sauce nappieren.

Das Schwäbisch Hällische Schwein
kommt ausschließlich von Höfen, die der Bäuerlichen Erzeugergemeinschaft Schwäbisch Hall angehören. Dank artgerechter Haltung und Fütterung verfügt sein Fleisch über ein sehr typisches, kräftiges Aroma. Es ist etwas dunkler, hat eine gesunde Zellstruktur und einen naturbelassenen Fettgehalt. Die Rasse war noch bis vor Kurzem vom Aussterben bedroht, weil der Verbraucher eher mageres Fleisch bevorzugte. Glücklicherweise hat sich dieser Trend umgekehrt und die Nachfrage nach qualitativ hochwertigem und gesundem Fleisch steigt.

Weinempfehlung

Ein Lemberger aus Württemberg oder von der Hessischen Badstraße (Leimen, Heidelberg) sollte hier seinen Dienst tun. Frucht und Fülle mit etwas elegant eingebundenem Holz verleihen dem Essen auf der einen Seite die nötige Struktur und haben durch die Saftigkeit den entsprechenden Verbindungscharakter zwischen Schwein und Pilz.

Alternative: Versuchen Sie einen vollfleischigen Pinot Noir aus dem Burgund. Nehmen Sie ruhig eine Einstiegsqualität, die nicht unbedingt durch Finesse und Eleganz glänzt, sondern vertrauen Sie sich lieber einem Pinot Noir an, der durch Schmackes, Kraft und durch seinen ungehobelten Charme brilliert.

Vegetarische Rezeptvariante

Das Schwäbisch Hällische Schwein kann für Vegetarier getrost weggelassen werden. Stattdessen einfach mehr Pilze im Rezept verwenden (ca. 700 g). Für die Soße würde sich Balsamico eignen oder auch eine aufgeschlagene Buttersoße, z. B. Pistazien-Hollandaise.

Zutaten für 4 Personen

4 El	Wasser
1 EL	Weißweinessig
	weiße Pfefferkörner
4	Eigelb
250 g	geklärte Butter
	Saft einer halben Zitrone
2 El	Pistazienmark
	Salz

Wasser, Essig und Pfefferkörner in einem Topf um $^1/_3$ einkochen, abkühlen lassen. Die Eigelbe in die kalte Flüssigkeit einrühren und auf kleinster Flamme mit einem Schneebesen aufschlagen. Sobald die Soße anfängt zu emulgieren, langsam die kalte Butter in dünnem Strahl unter ständigem Rühren einarbeiten. Das Pistazienmark unter die Soße heben und mit Salz und Zitronensaft abschmecken.

Steinpilze

auch Edel- oder Herrenpilze genannt, stehen in Deutschland unter Naturschutz, weshalb man (zumindest im Handel) keine heimischen Exemplare erhält. Mit ihrem festen Fleisch und aromatischen Duft eignen sie sich hervorragend zum Braten, Dünsten und Überbacken.

Tipp!
Frische Steinpilze nur mit einem weichen Pinsel oder Küchenkrepp reinigen – mit Wasser würden sie sich sofort vollsaugen!

Orangen-Tiramisu
mit Gewürzorangen-Filets

Schluss – mit lustig

„Dieses berüchtigte italienische Dessert bedeutet so viel wie: ‚Zieh mich hoch'. Einer venezianischen Legende zufolge stärkten sich die Kurtisanen, die oft über Gaststätten und Restaurants ihren Arbeitsplatz hatten, zwischendurch mit einem kräftig getränkten ‚Zieh mich hoch'. Na dann, wohl bekomm's!"

Zutaten für 4 Personen

Gewürzorangen

3	Orangen
2	Sternanis
2	Gewürznelken
1	Zimtstange
50 g	Zucker
100 ml	Orangensaft
6 cl	Grand Marnier

Orangen-Mascarpone-Crème

250 g	Mascarpone[1]
	geriebene Schale einer Orange
50 ml	Orangensaft
12 cl	Grand Marnier
2 Blatt	weiße Gelatine[2]
75 g	Zucker
3	Eigelb
200 ml	Sahne[1]

Biskuit

3	Eier
100 g	Zucker
90 g	Mehl[3]
30 g	Butter[1]
100 ml	Espresso (zum kurzen Einweichen vor dem Anrichten)

1 Bei Laktoseintoleranz durch laktosefreie Produkte ersetzen (siehe S. 188).
2 Für Vegetarier Gelatine durch Agar Agar ersetzen (siehe S. 99).
3 Glutenfrei bei Verwendung von Dr. Schär Savoiardi Biskuit.

Orangen-Tiramisu
mit Gewürzorangen-Filets

Zubereitung

ca. 50 Minuten

Gewürzorangen

Orangen 3 schälen und mit einem scharfen Messer filetieren. Den **Zucker** 50 g in einem kleinen Topf karamellisieren und mit dem **Orangensaft** 100 ml ablöschen. **Sternanis,** 2 **Nelken** 2 und **Zimtstange** 1 hinzufügen und bei mittlerer Hitze auf etwa 1/3 reduzieren. Abkühlen lassen, die Orangenfilets und **Grand Marnier** 6 cl dazu geben und ca. 2 Stunden kalt ziehen lassen. Die Filets aus der Marinade nehmen und abtropfen lassen. Die Marinade durch ein feines Sieb passieren und anschließend zu Sirup einkochen.

Orangen-Mascarpone-Crème

Gelatine 2 Blatt ca. 10 Minuten in kaltem Wasser einweichen. **Orangensaft** 50 ml mit **Grand Marnier** 12 cl und der geriebenen **Orangenschale** von 1 Orange kurz aufkochen und leicht abkühlen lassen. Gelatine ausdrücken, in den noch warmen Orangensaft einrühren und anschließend mit **Mascarpone** 250 g glatt rühren. **Eigelb** 3 mit dem **Zucker** 75 g cremig schlagen und unter die Masse heben. **Sahne** 200 ml steif schlagen und zuletzt unterheben. Dann etwa 1 Stunde kalt stellen.

Biskuit

Butter 30 g langsam schmelzen. Die **Eier** 3 trennen, dann **Eiweiß** 3 und **Eigelb** 3 mit je 50 g **Zucker** aufschlagen. Nun das **Mehl** 90 g in die Eigelbmasse sieben und unterheben. Dann das steif geschlagene Eiweiß und zuletzt die flüssige Butter unterrühren. Ein Backblech mit Backpapier auslegen, den Teig mit einem Löffel zu kleinen Talern formen und im vorgeheizten Ofen bei 180 °C ca. 10 Minuten goldbraun backen.

Die ausgekühlten Biskuittaler ganz kurz in den **Espresso** 100 ml tauchen und dann mit der Orangen-Mascarpone-Crème so schichten, dass kleine Törtchen mit zwei Talern und drei Schichten Crème entstehen. Die Orangenfilets darum anrichten und mit einem Sirupstrich dekorieren.

Weinempfehlung

„Der Heilige Wein" Vin Santo aus der Toskana wird von fast jedem Bauern produziert. Jeder hat so seine eigene Interpretation davon, wie süß der Wein und wie hoch der Alkoholgehalt sein soll. Durch das Reifen in abgeriegelten Fässern, meist auf den Dachböden der Bauernhöfe, erinnert der Wein aber immer an Gewürze und Aprikosen; er hat meist eine Nussigkeit und passt deshalb hervorragend zu diesem, aber auch zu jedem anderen Tiramisu.

Alternativen: Es gibt manche Kombinationen, die man so lassen sollte, wie sie sind. Wenn alle Stricke reißen, versuchen Sie einen Wein zu finden, der nach der Strohweinmethode hergestellt ist. Das passt immer.

10 Menü

Vorspeise

Labskaus von Rotbarbe und Spanferkelbäckchen
mit Rote-Beete-Relish und pochiertem Wachtelei

Hauptgericht

Knusperente aus dem Rohr
mit Rotkohl-Crêpes und Apfel-Olivenöl-Püree

Nachspeise

Küchlein vom Ziegentopfen mit eingelegten Feigen

Alles – außer gewöhnlich

„‚Lobs-cou(r)se‘ (engl.) bedeutet soviel wie ‚Speise für derbe Männer‘ und war für Seefahrer und Matrosen eine stärkende Mahlzeit an Bord. Meine Variante mit edlen Zutaten ist eher etwas für zarte Gemüter und verwöhnte Gaumen.“

Zutaten für 4 Personen

Rote-Beete-Relish

300 g	Rote Beete
1	rote Zwiebel
50 ml	Apfelessig
2 EL	Balsamico-Essig
1 EL	grober Senf (z. B. Dijon oder Pommery)
50 ml	Olivenöl
1	Apfel (Granny Smith)
1 Spritzer	Tabasco
1 EL	Senfsaat
1EL	Crème fraîche[1]
	Zucker, Salz, Pfeffer aus der Mühle

Spanferkelbäckchen

8	Spanferkelbacken[2]
50 g	Butterschmalz[3]
	Salz

Rotbarbe

4	Rotbarbenfilets[2]
2 EL	Olivenöl
2 EL	Mehl[4] (zum Mehlieren)
	Salz, Pfeffer aus der Mühle

Wachtelei

4	Wachteleier
200 ml	Wasser
1 EL	Kräuteressig
	Salz

1 Laktosefreie Alternative: Soja-Cuisine von alpro soja.
2 Eine vegetarische Variante finden Sie auf den folgenden Seiten.
3 Bei Laktoseintoleranz durch je zur Hälfte laktosefreie Butter und Pflanzenöl ersetzen.
4 Das Rezept ist glutenfrei, wenn Sie glutenfreies Buchweizen-Mehl verwenden.

Labskaus von Rotbarbe und Spanferkelbäckchen

mit Rote-Beete-Relish und pochiertem Wachtelei

Zubereitung

ca. 40 Minuten

Rote-Beete-Relish

Rote Beete (300 g) waschen und ca. 20 Minuten in **Salzwasser** kochen. Etwas abkühlen lassen und dann mit einem Sparschäler schälen und in feine Würfel schneiden. Die **Zwiebel** (1) schälen und ebenfalls würfeln, dann in einem Topf mit **Olivenöl** (50 ml) anschwitzen. Mit **Apfelessig** (50 ml), **Senf** (1 EL), **Balsamico-Essig** (2 EL), **Tabasco** (1 Spritzer) und **Senfsaat** (1 EL) auffüllen und bei niedriger Hitze ca. 5 Minuten köcheln lassen. Den **Apfel** (1) schälen, in Würfel schneiden und mit den Rote-Beete-Würfeln dazu geben. Abschließend mit **Crème fraîche** (1EL), **Salz**, **Pfeffer** und **Zucker** abschmecken.

Spanferkelbäckchen

Die **Spanferkelbacken** (8) salzen und in einer Pfanne mit **Butterschmalz** (50 g) kross anbraten, dann im vorgeheizten Ofen bei 180 °C ca. 20 Minuten weiterbraten.

Rotbarbe

Mit einer Pinzette eventuell vorhandene Gräten entfernen, beide Seiten mit **Salz** und **Pfeffer** würzen und nur die Hautseite mehlieren. In einer beschichteten Pfanne mit **Olivenöl** (2 EL) zunächst 2 bis 3 Minuten die **Rotbarbenfilets** (4) auf der Hautseite, dann etwa eine halbe Minute auf der anderen Seite braten.

Wachtelei

Wasser (200 ml) mit **Kräuteressig** (1 EL) und **Salz** aufkochen. Den Topf von der Kochstelle ziehen und auf ca. 80 °C abkühlen lassen. **Wachteleier** (4) öffnen und über einen Löffel in den noch heißen Fond gleiten lassen. Nach ca. 2 Minuten mit einer Schaumkelle herausnehmen.

Das Rote-Beete-Relish mittig in einem tiefen Teller anrichten, darauf Spanferkelbäckchen, Rotbarbenfilet und Wachtelei platzieren.

Labskaus von Rotbarbe und Spanferkelbäckchen

mit Rote-Beete-Relish und pochiertem Wachtelei

Weinempfehlung

Eine restsüße Riesling-Spätlese, die zwei oder drei Jahre auf dem Buckel hat, passt exzellent zu diesem zart anmutenden Gericht. Die Süße des Weines ist mit der Schärfe des Relish eine Kombination, die füreinander gemacht wurde. Auch wenn in Deutschland noch immer der fruchtige Wein vom Riesling ein nicht so hohes Ansehen hat, sollte man trotzdem einmal versuchen, sich damit zu beschäftigen. Trockener Riesling ist sicher mit einer der spannendsten Weine, die Deutschland zu bieten hat, aber ein restsüßer Kabinett oder eine Spätlese zeigen eigentlich erst die wahren, großen Qualitäten, die möglich sind. Das Fruchtsüße-Säure-Spiel kommt hier eigentlich erst richtig zur Geltung. Der niedrige Alkoholgehalt von 7,5 % bis 9,0 % ist dabei so bekömmlich, dass eine Flasche für zwei Personen meist viel zu schnell geleert ist.

Alternative: Sollten Sie sagen, dass ein restsüßer Wein überhaupt nicht in Ihr Geschmacksbild passt, dann versuchen Sie die Mitte zwischen trocken und fruchtsüß. Der wirklich nicht sexy klingende Name „halbtrocken“ ist in den letzten Jahren Gott sei Dank immer mehr verschwunden. Hierfür gibt es nun die Bezeichnung „feinherb“. Die Süße ist nicht ganz stark im Vordergrund und wird meist von viel Mineralität, einer ordentlichen Portion Säure und mit fast verschwenderisch wirkender Kraft ummantelt.

Vegetarische Rezeptvariante

Räuchertofu mit Rote-Beete-Relish und pochiertem Wachtelei

Für die Vegetarier unter Ihren Gästen lassen Sie Spanferkelbäckchen und Rotbarbe weg und servieren stattdessen auf dem Rote-Beete-Relish in Scheiben geschnittenen und in Pflanzenöl gebratenen Räuchertofu.

Wachteleier

Die heilige Hildegard von Bingen rühmte die stärkende Wirkung von Wachteleiern und in der traditionellen chinesischen Medizin gelten sie als „Qi-Tonikum“, das hilft, die universale Lebenskraft aufzubauen. Insgesamt dem Hühnerei sehr ähnlich, haben sie allerdings einen höheren Gehalt an B-Vitaminen, Eisen und Zink.

Volles Rohr …

„Wer einen guten Braten macht, hat auch ein gutes Herz!“, heißt es schon bei Wilhelm Busch. Und in der Tat – mit etwas Geduld, Einfühlungsvermögen und ein paar ungewöhnlichen Beilagen werden Sie das beweisen und auch die Herzen Ihrer Gäste höher schlagen lassen.“

Zutaten für 4 Personen

Rotkohl-Crêpes

1	mittelgroßer Rotkohl
je 1	Apfel (Boskoop), Zwiebel
2 EL	Butterschmalz[1]
je 200 ml	Rotwein, Apfelsaft
3	Gewürznelken
1 TL	Wacholderbeeren
100 g	fetter geräucherter Speck
2 EL	Mehl[2]
	Salz, Zucker
4	Crêpes (siehe Basics)

Knusperente

1	deutsche Bauernente[3] (z. B. „Oldenburger“, weil geschmackvoller als Barbarie- oder Flugente)
3	Zwiebeln
1	Apfel (Boskoop)
je 100 g	Karotten und Knollensellerie
1 EL	Tomatenmark
300 ml	Rotwein
1	Lorbeerblatt
je 2–3 Stängel	Beifuß und Rosmarin
1 TL	Wacholderbeeren
je 50 g	Butter[4] und Butterschmalz[1]
	Salz

Apfel-Oliven-Püree

4	Äpfel (Gala Royal)
50 g	Zucker
50 ml	Olivenöl
½	Vanillestange
2 EL	Wasser

1 Bei Laktoseintoleranz durch je zur Hälfte laktosefreie Butter und Pflanzenöl ersetzen.
2 Glutenfrei, wenn Sie das Mehl durch Buchweizenmehl ersetzen.
3 Eine vegetarische Rezeptvariante finden Sie auf den nächsten Seiten.
4 Bei Laktoseintoleranz durch laktosefreie Butter ersetzen (siehe S. 188).

Knusperente aus dem Rohr

mit Rotkohl-Crêpes und Apfel-Olivenöl-Püree

Die äußeren Deckblätter vom **Rotkohl** 1 entfernen, vierteln und den Strunk entfernen, dann in feine Streifen schneiden oder hobeln. **Apfel** 1 und **Zwiebel** 1 schälen, fein würfeln und in einem großen Topf mit **Butterschmalz** 2 EL anschwitzen. Mit **Rotwein** 200 ml und **Apfelsaft** 200 ml ablöschen, **Nelken** 3 und **Wacholderbeeren** 1 TL in einem Teebeutel (erleichtert das spätere Herausnehmen) zufügen und ca. 1,5 Stunden köcheln lassen. Gewürze entfernen und mit **Salz** und **Zucker** abschmecken. In der Zwischenzeit den **Speck** 100 g würfeln und langsam in einer Pfanne auslassen, dann mit etwas **Mehl** 2 EL abbinden. Diese Mehlschwitze unter den fertigen Rotkohl mischen; das gibt Glanz und Geschmack.

Den noch warmen Rotkohl in die vorbereiteten **Crêpes** 4 einrollen und im vorgeheizten Ofen bei 180 °C ca. 10 Minuten knusprig backen.

Knusperente

Flügelknochen und Hals abtrennen und in einen großen Bräter mit **Butterschmalz** 50 g geben. **Sellerie** 100 g, **Karotten** 100 g und eine **Zwiebel** 1 schälen, grob würfeln und zusammen mit den Ententeilen rösten. Dann mit **Rotwein** 300 ml und **Tomatenmark** 1 EL ablöschen. Den Bräter nun zu ¼ mit **Wasser** auffüllen. Die **Ente** 1 von innen salzen. Zwei **Zwiebeln** 2 und den **Apfel** 1 schälen und in Würfel schneiden; zusammen mit dem **Lorbeerblatt** 1, **Beifuß** 2–3 Stängel, **Rosmarin** 2–3 Stängel und **Wacholderbeeren** 1 TL die Ente damit füllen. Dann im vorgeheizten Ofen bei 180° C unter gelegentlichem Begießen ca. 1,5 Stunden ohne Deckel garen, bis sie schön goldbraun ist. Die Ente tranchieren und mit einer Kelle vorsichtig das Fett vom Fond abschöpfen, durch ein feines Sieb passieren und auf etwa ¼ reduzieren. Dann mit in Stücke geschnittener kalter **Butter** 50 g zu einer sämigen Sauce abbinden. Die Ententeile direkt vor dem Anrichten auf einem Backblech noch einmal kurz im Backofen knusprig grillen.

Apfel-Olivenöl-Püree

Die **Äpfel** 4 schälen, in Würfel schneiden, mit **Zuckerwasser** 50 g Zucker, 2 EL Wasser bedeckt etwa 10 Minuten kochen und gut abtropfen lassen. Dann mit dem **Olivenöl** 50 ml und dem ausgekratzten **Vanillemark** von ½ Schote mixen.

Knusperente mit Rotkohl-Crêpes und Püree anrichten und mit der Bratensauce nappieren.

Knusperente aus dem Rohr
mit Rotkohl-Crêpes und Apfel-Olivenöl-Püree

Weinempfehlung

Eine großer Pinot Noir aus dem Burgund und eine Ente sind wohl genauso zeitlos wie manch ein Bauhaus-Stuhl. Die knusprige Haut und ihre Röstaromen verlangen nach einem Wein, der sie begleitet. Alles Erschlagende würde das Fleisch und dessen feine Aromen zerstören. Ein Pinot Noir aus dem Burgund mit seiner faszinierenden Finesse und Eleganz begeistert zu diesem Gericht.

Alternative: Sie können natürlich auch einen Pinot Noir aus dem Burgenland, aus Baden, der Pfalz oder aus Graubünden nehmen. Einen, der nicht vom Holz dominiert ist, aber auch einen, der es schon mal zu Gesicht bekommen hat. Gerade bei Pinot Noir „macht's die Mischung und ihre Intensität". Zu viel lässt den Wein ermüden und zu wenig lässt ihn banal erscheinen.

Vegetarische Rezeptvariante

Gefüllte Buchweizen-Crêpes mit Pfifferlingen auf Rotkohl und Apfel-Oliven-Püree

Zutaten für 4 Personen

400 g	Pfifferlinge
50 g	Mie de Pain (frisch geriebene Weißbrotkrume)
10 g	Rapsöl
10 g	Butter
	frischer Schnittlauch

Die Pfifferlinge putzen und in heißem Olivenöl anbraten, zum Schluss die Butter zufügen und mit Mie de Pain und Schnittlauch bestreuen. Die Crêpes nach Rezept mit Buchweizenmehl backen. Die Crêpes auslegen und mit den Pfifferlingen füllen, nach oben zusammenfalten und mit einem Schnittlauchhalm binden, bis zum Servieren im Ofen heiß stellen.

Küchlein vom Ziegentopfen

mit eingelegten Feigen

Gut in Form

„Das Glück kann manchmal so einfach sein! Zum Beispiel mit dieser gelungenen Kombination aus Ursprünglichkeit und ‚La dolce vita'."

Zutaten für 4 Personen

Feigen

4	dicke, frische Feigen
1 EL	Honig
1	Rosmarinzweig
200 ml	roter Portwein
200 ml	schwarzer Johannisbeersaft

Teig

110 g	Mehl[1]
60 g	Butter[2]
30 g	Puderzucker
1	Eigelb
	Salz

Ziegentopfen

250 g	Ziegentopfen[2] (Quark)
40 g	Rosinen
40 ml	brauner Rum
2	Eigelb
80 g	Zucker
30 g	Butter[2]
2	Eiweiß
30 g	Mehl[1]

Das Rezept ist vegetarisch. Ziegentopfen ist üblicherweise glutenfrei.

1 Bei Glutenunverträglichkeit glutenfreie Mehlmischung von Dr. Schär für Kuchen und Kekse verwenden.

2 Bei Laktoseintoleranz durch laktosefreie Produkte ersetzen (siehe S. 188).

Küchlein vom Ziegentopfen
mit eingelegten Feigen

Zubereitung

ca. 50 Minuten
zzgl. Marinierzeit der Feigen

Feigen

Portwein (200 ml), **Johannisbeersaft** (200 ml) und **Honig** (1 EL) kurz aufkochen. Die **Feigen** (4) waschen und mit einer Gabel an der Unterseite einstechen, damit sie die Marinade gut aufnehmen. Etwa 5 Minuten in dem Fond bei niedriger Temperatur mitköcheln lassen. Von der Kochstelle nehmen, den **Rosmarinzweig** (1) zufügen und ca. 2 Stunden ziehen lassen.

Teig

Mehl (110 g), **Butter** (60 g), **Puderzucker** (30 g), **Eigelb** (1) und eine Prise **Salz** rasch miteinander vermengen und zu einem glatten Teig verkneten. Dann auf einer bemehlten Fläche ausrollen und mit einer Ringform oder Untertasse Teigscheiben mit ca. 15 cm Durchmesser ausstechen. Eine Muffinform damit auslegen und im vorgeheizten Ofen bei 180 °C etwa 10 Minuten goldbraun backen.

Ziegentopfen

Die **Rosinen** (40 g) in braunem **Rum** (40 ml) leicht erwärmen und mindestens 30 Minuten ziehen lassen. **Eigelb** (2) aufschlagen und mit der Hälfte des **Zuckers** (40 g) und dem **Ziegenquark** (250 g) verrühren. **Butter** (30 g) schmelzen und mit den Rum-Rosinen hinzufügen. Nun das **Mehl** (30 g) in die Masse sieben und unterrühren. **Eiweiß** (2) mit dem restlichen **Zucker** (40 g) steif schlagen und unterheben. Anschließend gleichmäßig auf die Muffintörtchen aufteilen und im vorgeheizten Ofen bei 150 °C ca. 30 Minuten backen.

Das Ziegenkäseküchlein auf einem tiefen Teller anrichten und je eine aufgeschnittene Feige darauf setzen. Dazu passt hervorragend eine Vanillesauce.

Weinempfehlung

Eine kraftvolle Beerenauslese vom Rieslaner aus Deutschland tut hier wahre Wunder. Auf der einen Seite besitzt sie die nötige Eleganz, um für den Topfen beansprucht zu werden. Auf der anderen Seite hat sie genügend Süße, um mit den Feigen klarzukommen. Die Rebsorte, die aus Silvaner und Riesling gekreuzt wurde, findet heutzutage auf einer kleinen Fläche in der Pfalz und in Franken ihre Bedeutung. Im restsüßen Bereich erinnert sie an Riesling mit meist mehr Fülle und einem verschobenen Frucht-Säure-Spiel.

Alternativ kann ein feiner, aber hochkonzentrierter, restsüßer Chenin Blanc von der Loire zu den Feigen und dem Topfen passen. Die Eleganz und die feine Säure, gepaart mit Süße, verbinden sich ausgezeichnet mit Honig und Rosinen.

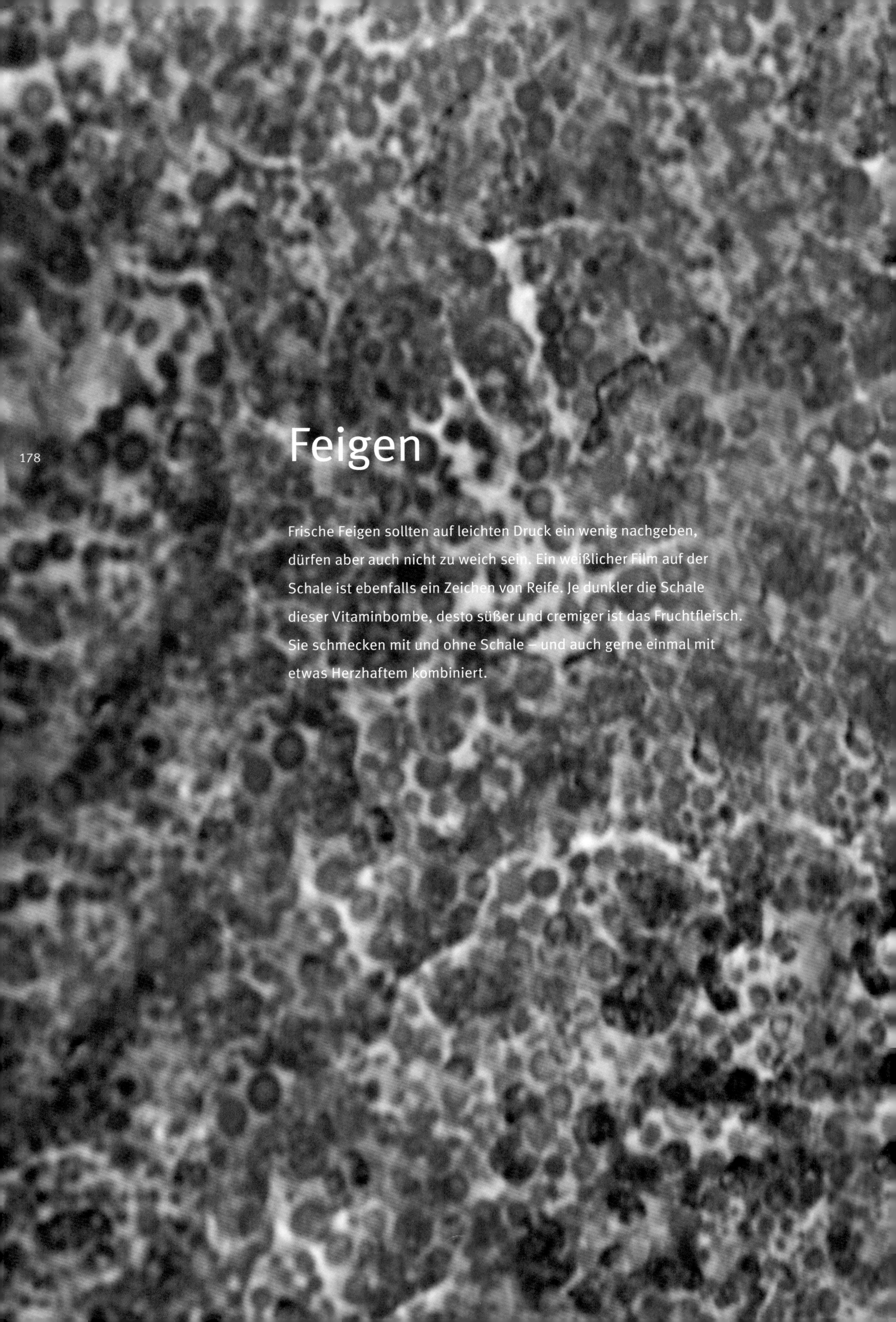

Feigen

Frische Feigen sollten auf leichten Druck ein wenig nachgeben, dürfen aber auch nicht zu weich sein. Ein weißlicher Film auf der Schale ist ebenfalls ein Zeichen von Reife. Je dunkler die Schale dieser Vitaminbombe, desto süßer und cremiger ist das Fruchtfleisch. Sie schmecken mit und ohne Schale – und auch gerne einmal mit etwas Herzhaftem kombiniert.

Ein wirklich gutes Kochmesser ist ein „einschneidendes Erlebnis“: Schneiden wird damit zu einer sinnlichen Erfahrung. Das „Global“-Messer ist unglaublich scharf und gleichzeitig leicht – und darum auch für zarte Frauenhände bestens geeignet. Was Formschönheit und Schnittqualität betrifft, greife ich aber auch gerne auch auf die Marke „Pott“ zurück, die erstklassige Messer anbietet, welche einfach Spaß bei der Arbeit machen.

Basics

Hier habe ich einige Grundrezepte für Sie zusammengestellt, die Sie immer wieder für verschiedene Gerichte verwenden und auch gut auf Vorrat zubereiten können.

Salatdressing

2	kleine Zwiebeln
1 EL	grober Senf
1 TL	Honig
100 ml	Gemüsebrühe
100 ml	Rapsöl
50 ml	weißer Balsamico-Essig
	Salz, Pfeffer, Zucker

Die Zwiebeln schälen, würfeln und in 20 ml Rapsöl glasig anschwitzen. Gemüsebrühe, Honig und Senf zufügen und ca. 10 Minuten bei mittlerer Hitze köcheln lassen. Den Dressingansatz abkühlen lassen, dann das restliche Rapsöl und den Balsamico-Essig mit einem Stabmixer untermixen.
Abschließend mit Salz, Pfeffer und Zucker abschmecken und kalt stellen.

Kürbiskern-Vinaigrette

50 ml	weißer Balsamico-Essig
50 ml	Kürbiskernöl
100 ml	Rapsöl
50 ml	Gemüse- oder Fleischbrühe
	Salz, Pfeffer, Zucker

Balsamico-Essig mit der Gemüsebrühe in eine Schüssel geben und unter ständigem Rühren mit einem Schneebesen langsam Raps- und Kürbiskernöl unterrühren.
Abschließend mit Salz, Pfeffer und Zucker abschmecken.

Gemüsebrühe

200 g	Knollensellerie
200 g	Karotten
2	kleine Zwiebeln
100 g	Lauch
1 l	Wasser

Lauch waschen, Sellerie, Karotten und Zwiebeln schälen und alles in kleine Würfel schneiden.
Dann in einem Topf mit kaltem Wasser aufsetzen und bei geringer Hitze etwa 30 Minuten ziehen lassen.
Anschließend durch ein Sieb passieren und abkühlen lassen.

Helle Geflügel-, Kalbs- oder Rinderbouillon

1	Suppenhuhn (darf auch TK sein)
	oder
500 g	Kalbfleisch (z. B. Abschnitte vom Rücken oder der Oberschale)
	oder
500 g	Rinderbeinscheibe
2 l	Wasser
2 EL	Sojasauce
200 g	Karotten
1	Gemüsezwiebel
200 g	Lauch
200 g	Knollensellerie
1 Bund	Petersilienstängel
2 Zweige	Thymian
	Salz, Pfeffer, Muskatnuss

Für den Kalbs- oder Rinderfond das Fleisch kurz in kochendem Wasser blanchieren und in kaltem Wasser abschrecken, dann mit 2 l Wasser neu aufsetzen. Beim Huhn ist das nicht notwendig.
Das Wasser auf kleinster Stufe zum Köcheln bringen – am besten sollte es ca. 1 Stunde dauern, bis es kurz vor dem Kochen ist. Dann wieder herunterschalten und eine weitere Stunde ziehen lassen. In der Zwischenzeit Karotten, Zwiebel, Lauch und Sellerie schälen und würfeln.
Eine halbe Stunde vor dem Abpassieren Petersilienstängel, Thymian und Sojasauce hinzufügen und mitziehen lassen. Durch ein Sieb passieren und mit Salz, Pfeffer und Muskatnuss abschmecken.
Nach Belieben weiter reduzieren, um den Fond kräftiger werden zu lassen.

Dunkler Kalbsfond (Jus)

2 kg	gesägte Kalbsknochen oder Kalbsschwanz
2 EL	Butterschmalz
3	rote Zwiebeln
200 g	Lauch
200 g	Knollensellerie
200 g	Karotten
2 EL	Tomatenmark
500 ml	Rotwein
1,5 l	Wasser
20	Eiswürfel
1–2	Lorbeerblätter
2–3	Thymianzweige
	ganze Pfefferkörner (schwarz)
50 g	Butter

Zwiebeln, Lauch, Sellerie und Karotten schälen und würfeln. Die Kalbsknochen (oder den Kalbsschwanz) in einem Bräter mit Butterschmalz scharf anbraten, dann herausnehmen und die Gemüsewürfel darin rösten.
Es soll schön braun werden, aber nicht anbrennen.
Tomatenmark zufügen und kurz mitrösten. Dann mit Rotwein und Wasser ablöschen, Eiswürfel dazugeben und abkühlen lassen.
Nun nach Geschmack mit Lorbeer, Thymian und Pfefferkörnern würzen. Kalbsknochen dazugeben und im vorgeheizten Backofen bei 180 °C zugedeckt schmoren lassen.
Abschließend durch ein Sieb passieren, in einem anderen Topf reduzieren und mit kalten Butterflocken sämig abbinden.

Fischfond

500 g	Fischgräten (am besten von Steinbutt, Seezunge oder Kabeljau)
3	kleine Zwiebeln
200 g	Lauch
200 g	Knollensellerie
200 g	Karotten
4 EL	Olivenöl
1 l	Wasser
400 ml	Weißwein
2	Eiweiß
20	Eiswürfel
	Salz, Pfeffer
	evtl. Safranfäden

Zwiebeln, Lauch, Sellerie und Karotten schälen und würfeln, dann in einem großen Topf mit Olivenöl leicht braun anschwitzen. Die Fischgräten zufügen und kurz mitschmoren lassen.
Wasser, Weißwein und Eiweiß mit einem Stabmixer verrühren und darübergießen.
Eiswürfel dazugeben und ca. 10 Minuten kalt ruhen lassen. Dann auf kleinster Stufe zum Kochen bringen.
Nach ca. 1 Stunde vorsichtig durch ein Küchentuch passieren und mit Salz, Pfeffer und eventuell Safranfäden abschmecken.

Weißer Tomatenfond

6	mittelgroße Tomaten
1 Bund	Basilikum
3	Knoblauchzehen
	Salz, Pfeffer
30 g	Mehl
30 g	Butter

Tomaten vierteln und mit den Basilikumblättern und den Knoblauchzehen mixen. In ein Küchentuch geben und über einem Topf ablaufen lassen.
Mit Salz und Pfeffer abschmecken und dann leicht erwärmen. Butter schmelzen, mit Mehl verrühren und den Fond damit abbinden.

Hummersauce

200 g	gehackte Hummerschalen
100 g	Karotten
100 g	Lauch
4–5	Knoblauchzehen
1	kleine Zwiebel
1	Thymianzweig
20 ml	Olivenöl
200 ml	Fleisch- oder Gemüsebrühe
100 ml	Orangensaft
100 ml	Tomatensaft
1 EL	Tomatenmark
4 cl	Cognac
100 ml	Sahne
	Salz, Pfeffer, Zucker

Lauch putzen, Zwiebel und Karotten schälen und in Würfel schneiden.
Die Hummerschalen in einem großen Topf mit Olivenöl anrösten, dann die Gemüsewürfel, Knoblauchzehen und Thymian zufügen und mitrösten. Tomatenmark ebenfalls kurz mitrösten, dann mit Cognac ablöschen. Mit Brühe, Orangen- und Tomatensaft auffüllen und auf kleiner Stufe wieder zum Köcheln bringen.
Nach ca. 45 Minuten durch ein Sieb passieren, mit Salz, Pfeffer und Zucker abschmecken, Sahne hinzufügen und noch warm mit einem Pürierstab mixen.

Grießstrudel

250 ml	Milch
80 g	Hartweizengrieß
25 g	Crème fraîche
10 g	Butter
1	Ei
5 g	Trüffelpanade (gehackte Trüffel in Öl; z. B. von Bos Food oder Frischeparadies)
	Salz, Pfeffer, Muskatnuss
2	Strudelteigplatten
20 g	Butter

Milch mit Salz, Pfeffer und Muskatnuss abschmecken und in einem Topf zum Kochen bringen. Hartweizengrieß zügig einrühren und unter kräftigem Rühren mit einem Küchenlöffel ca. 1 Minute quellen lassen. Dann sofort von der Kochstelle nehmen und auf etwa 40 °C abkühlen lassen. Crème fraîche, Butter und Ei unter die Masse rühren (am besten in der Küchenmaschine). Auskühlen lassen, mit Trüffelpanade verfeinern und eventuell nochmals abschmecken.
Butter schmelzen und eine Strudelplatte damit bestreichen, die zweite Platte darauflegen und ebenfalls mit Butter bestreichen.
Nun die Grießmasse mit einer Palette gleichmäßig auf der Strudelplatte verteilen.
Den Teig aufrollen und zuerst straff in Frischhaltefolie, dann in Alufolie einwickeln und so in Form bringen.
Dann im vorgeheizten Ofen bei 80 °C (mittlere Ebene) ca. 45 Minuten garen. Den Strudel erkalten lassen und schräg in etwa 1,5 cm dicke Scheiben schneiden; diese dann kurz vor dem Anrichten von beiden Seiten bei mittlerer Hitze in Butter goldbraun ausbacken.

Die Traditionsmarke Pott steht seit vielen Jahren eng verbunden mit höchstem Designanspruch und guter Funktionalität. Für mich völlig zu Recht. Gutes Besteck ist unabdingbare Voraussetzung für ein perfektes Essen. Es rundet auch das Geschmackserlebnis für den Gast ab. Meine Lieblingsserie „Mono“ liegt hervorragend in der Hand und spiegelt perfekt meine Liebe zum schlichten, modern-eleganten Design wider

Petersilienpüree

1 Bund	Blattpetersilie
1	mittelgroße Zwiebel
	Salz, Pfeffer, Muskatnuss
2 EL	Pflanzen- oder Olivenöl

Petersilie mit den Stielen in kochendem Salzwasser etwa 8 Minuten blanchieren und in Eiswasser abschrecken. Zwiebel schälen, grob würfeln und in Öl glasig anschwitzen.
Mit Salz, Pfeffer und Muskatnuss würzen und dann zusammen mit der Petersilie im Cutter oder in einer Moulinette zu einem glatten Püree mixen.

Selleriepüree

1	große Sellerieknolle
2 EL	Butter
1	mittelgroße Zwiebel
	Salz, Pfeffer, Zucker, Muskatnuss
50 ml	Gemüsebrühe
2 EL	Crème fraîche
etwas	Zitronensaft

Die Sellerieknolle schälen und in Würfel schneiden. Die Würfel dann in Salz-Zitronenwasser ca. 15 Minuten kochen. Die geschälte Zwiebel würfeln und in einem Topf ca. 10 Minuten glasig braun anschwitzen, dann mit den weichen Selleriewürfeln in einem Becher mit Brühe, Crème fraîche, Butter, Salz, Pfeffer und Muskat pürieren.

Kartoffelsalat

500 g	kleine Salatkartoffeln
1	Knoblauchknolle
1 TL	schwarzer Kümmel
1	mittelgroße Zwiebel
100 ml	warmes Wasser
4 EL	weißer Balsamico-Essig
2 EL	Crème fraîche
1	Salatgurke
2	mittelgroße Tomaten
1 EL	Kapern
1	Endiviensalat
20	grüne Oliven
1 EL	Senf (z. B. Pommery oder Dijon)
	Salz, Pfeffer, Zucker

Die Kartoffeln mit der ganzen ungeschälten Knoblauchknolle und dem Kümmel in Salzwasser gar kochen. Abdampfen lassen, schälen und halbieren. Zwiebel schälen und fein würfeln, dann ca. 10 Minuten in dem warmen Wasser mit Balsamico-Essig und Salz marinieren. Die Kartoffeln dazugeben und mitziehen lassen.
In der Zwischenzeit die Gurke schälen und würfeln, Tomaten häuten und in Spalten schneiden, Salat putzen, waschen und in mundgerechte Stücke zupfen und die Oliven in Scheiben schneiden. Alle Zutaten miteinander vermischen, Kapern, Senf und zuletzt Crème fraîche unterrühren. Mit Salz, Pfeffer und Zucker abschmecken, kurz ziehen lassen und lauwarm anrichten.

Kartoffelroulade

1 kg	mehlig kochende Kartoffeln
100 g	Butter
2 EL	Speisestärke
	Salz, Pfeffer, Muskatnuss
	Crêpes
150 ml	Milch
100 g	Mehl
2	Eier
1 EL	Olivenöl
etwas	Butter zum Ausbacken

Die Kartoffeln schälen und in Salzwasser gar kochen, dann noch warm durch eine Kartoffelpresse drücken, mit Butter und Speisestärke vermischen und mit Salz, Pfeffer und Muskatnuss abschmecken.
Eier kurz aufschlagen und mit der Milch verrühren. Dann das Mehl einsieben und nach und nach einrühren, zum Schluss das Öl unterrühren. In einer beschichteten Pfanne mit Butter dünne Crêpes ausbacken.
Diese mit der Kartoffelmasse bestreichen und dann stramm aufrollen. Zuerst in Frischhalte-, dann in Alufolie einwickeln und etwa 1 Stunde kalt stellen.
Folien vorsichtig entfernen, schräg in ca. 2 cm dicke Scheiben schneiden und in einer Pfanne von beiden Seiten kross anbraten.

Crêpes

500 ml	Milch
100 g	Mehl
2	Eier
1 EL	Pflanzenöl
	Salz, Pfeffer, Muskatnuss
3 EL	schwarzer Sesam
etwas	Butter zum Ausbacken

Die Eier mit der Milch mixen, Mehl einsieben und nach und nach unterrühren. Zum Schluss das Öl einrühren und dann mit Salz, Pfeffer und Muskatnuss abschmecken. Für den besonderen Pfiff etwas schwarzen Sesam einrühren.
Dann in einer beschichteten Pfanne mit Butter von beiden Seiten goldbraun ausbacken.

Läuterzucker

200 ml	Wasser
200 g	Zucker

Zusammen aufkochen und im Kühlschrank auskühlen lassen.

Angedickter Balsamico

100 ml	dunkler Balsamico-Essig
50 ml	Apfelsaft
1	Apfel, mehlig
2 EL	Zucker
1	Thymianzweig
1 EL	Speisestärke
etwas	Wasser

Balsamico und Apfelsaft mit Zucker und dem Thymianzweig aufkochen. Den Apfel nur waschen, vierteln, vom Kerngehäuse befreien, mit Schale dazugeben und ca. 30 Minuten (ohne Hitze) ziehen lassen. Die Speisestärke mit wenig Wasser anrühren und die nochmals kurz aufgekochte Balsamico-Reduktion damit abbinden.
Vor dem Anrichten immer leicht erwärmen.

Getrocknete Tomaten

2	große Fleischtomaten
1 Bund	Thymian
	Zesten von 1 Orange und 1 Zitrone
	Salz, Pfeffer, Zucker

Die Tomaten häuten, vierteln und die Kerne entfernen. Dann auf ein Backblech legen und mit den Orangen- und Zitronenzesten, Thymian, Salz, Pfeffer und Zucker würzen.
Im vorgeheizten Backofen bei 120 °C ca. 45 Minuten trocknen.

Gekaufte getrocknete Tomaten schmecken meist zu intensiv, sind relativ salzig und dazu auch noch zäh. Also nach Möglichkeit selbst trocknen!

Bezugsquellen

Wenn Sie die Zutaten aus meinen Rezepten einmal nicht in Ihrer Nähe kaufen können, werden Sie bei den Online-Shops der folgenden drei angesehenen Versandhändler garantiert fündig:

www.bosfood.de
www.frischeparadies.de
www.orlandosidee.de

Laktosefreie Produkte

Inzwischen sind laktosefreie Produkte in fast allen gutsortierten Supermärkten, meist im Kühlregal, zu finden. Erhältlich sind in aller Regel Milch, Butter und Sahne, oft auch Quark und Käse bis hin zu Eis und Schokolade. Geschmacklich und in der Verwendung sind die Produkte „normalen" Lebensmitteln sehr ähnlich. Bitte beachten Sie aber, dass ein sehr wesentlicher Unterschied zwischen Laktoseunverträglichkeit und der Laktose- oder Milcheiweißallergie besteht. Letztere kann bereits bei geringsten Mengen und Spuren von Milcheiweiß allergische Reaktionen auslösen. Allerdings ist die Allergie weitaus seltener.

Laktosefreie Produkte sind z. B. MinusL von OMIRA und LAC von Breisgaumilch.

Produkte, die wir im Buch namentlich empfehlen, finden Sie auf den folgenden Websites. (Für die Inhalte der Websites und deren Aktualität können wir keinerlei Haftung übernehmen.)

www.unicate-holz.de (Schneidebretter)
www.arzberg-shop.de (Porzellan)
www.all-clad.de (Töpfe, Pfannen etc.)
www.pott-bestecke.de (Bestecke)
www.kochmesser.de (Messer)
www.steinzeit.de (Imprägnierung von Naturstein)

An meinen „unicate“-Schneidebrettern schätze ich die solide Handarbeit und die wirklich gut durchdachte Praxisnähe. Die eingepassten Gratleisten z. B. garantieren eine ständige Unterlüftung und Geschnittenes kann man bequem auf einen daruntergestellten Teller schieben. „unicate“-Chef Matthias Attelmann geht in seiner kleinen Manufaktur auch auf außergewöhnliche Kundenwünsche ein. Limitierte Sondereditionen, aber auch individuell gefertigte Möbel, Spiegel und Designobjekte sind bei ihm zu haben. Ein echter Geheimtipp – noch!

Index

A
Aceto-Trauben **21**
Amarone **75**
Angedickter Balsamico **186**
Anisapfel **42**
Aprikosenravioli mit Pistazien **145**
Artischocken **53**
Artischocken-Tomaten-Ragout mit Tiroler Speck **48**
Artischocken-Tomaten-Ragout mit Waldpilz-Schalotten-Panache **51**

B
Barbaresco **125**
Basilikumeis mit einer Schokoladentarte **112**
Beerenauslese **79, 129, 177**
Blaue Kartoffeln **25**
Bonneaux **99**
Borlotti-Birnen **39**
Brunello **125**

C
Cabernet **39, 125**
Cappuccino vom Lauch und der Kartoffel **12**
Chasselas **17**
Chenin Blanc **29, 69, 99, 177**
Chianti Classico **39**
Coteaux du Layon **99**
Cotie Rotie **125**
Crêpe **186**

E
Erdbeer-Mohn-Törtchen **79**

F
Feigen **178**
Fischfond **182**
Fleur de Sel **40**

G
Gebratene Curry-Apfelringe **121**
Gebratene Jakobsmuscheln **66**
Gebratene Sardinenfilets **118**
Gebratene Thymian-Gnocchi **95**
Gebratener Wolfsbarsch **106**
Gebratenes Kartoffel-Carpaccio **135**
Geflügelbouillon **182**
Gefüllte Buchweizen-Crêpes **173**
Gefüllte Tomate **102**
Gelackter Aprikosenstrudel **142**
Gemüsebrühe **181**
Geschmorte Lammschulter **122**
Getrocknete Tomaten **186**
Getrüffelte Canneloni **141**
Gewürztraminer **29, 51**
Grießstrudel **183**
Grüner Veltliner **35, 109, 121, 151**

H
Heilbutt **132**
Hermitage **125**
Huhn und Langostinos **92**
Hummersauce **183**

J
Jakobsmuscheln **70**

K
Kaiserschmarrn **126**
Kalbsbouillon **182**
Kalbsfond (Jus) **182**
Kartoffelravioli **23**
Kartoffelroulade **185**
Kartoffelsalat **185**
Knusperente aus dem Rohr **166**
Knuspersandwich vom Räuchertofu **35**
Knuspersandwich vom Thunfisch **32**
Krosser Fenchel **57**
Krosser Zander **54**
Küchlein vom Ziegentopfen **176**
Kürbiskern-Vinaigrette **181**
Kürbissuppe mit Garnelen **84**

L
Labskaus von Rotbarbe und Spanferkel-bäckchen **164**

Läuterzucker **186**
Lemberger **155**
Loup de Mer **110**

M
Marinierter Rosenkohl mit Sultaninen **75**
Marinierter Weideochse **72**
Maultaschen von Sellerie und Sauerkirschen **36**
Merlot **39, 125**
Mini-Pattisons auf Steckrüben **109**
Muscat **45, 87**
Muskatkürbis **90**

O
Orangen-Tiramisu **158**

P
Panna-cotta-Küchlein **96**
Passito **145**
Perlhuhnbrust **36**
Petersilienpüree **185**
Pinot Bianco **105**
Pinot Grigio **105**
Pinot Noir **39, 155, 173**
Portweinbirnen **27**

R
Radieschen-Carpaccio **118**
Räuchertofu **35, 167**
Rehrücken aus der Honig-Sternanis-Beize **138**
Rieslaner **177**
Riesling **23, 57, 61, 69, 79, 109, 135, 167, 177**
Rinderbouillon **182**
Roter Traminer **87**
Ruster Ausbruch **79**

S
Salatdressing **181**
Sämling **61**
Sangiovese **39, 141**
Sauerbraten vom Kabeljau **20**
Sauvignon Blanc **23, 35, 69, 121**
Scheurebe **61, 69**
Schwäbisch Hällisches Schweinefilet **152**
Sélection de Grains Nobles **99**
Selleriepüree **185**
Shrimps **88**
Silvaner **177**
Spätburgunder **39**
Spitzmorchel **136**
Steinpilze **156**
Strammer Max **148**
Strohwein **145**

T
Thymian-Sherry-Sud **36**
Tiroler Speck **48**
Tocai Friulano **105**
Tonkabohne **62**
Tonkabohnen-Crème-brulée **58**
Topfen-Krokant-Knödel **76**
Trockenbeerenauslese **79**

V
Vernaccia **105**
Vin de Paille **145**
Vin doux Naturelle **115**
Vin Santo **161**
Viognier **51**
Vouvray **29, 99**

W
Wachteleier **169**
Warmer Schokoladenkuchen **42**
Warmes Törtchen von Pumpernickel und Feigen **29**
Warmes Törtchen von zweierlei Käse **26**
Weißburgunder **17**
Weißer Tomatenfond **183**
Wolfsbarsch **106, 110**

Z
Zander **54**
Zinfandel **75**

Danke schön

Wir danken Björn Freitag für die liebevolle Auswahl nachkochbarer Rezepte und die Geduld bei unzähligen Treffen und Telefonaten – trotz aller Drehtermine und Veranstaltungen.

Wir danken Hubertus Schüler und seinem Fototeam für die wunderbaren Ergebnisse und die nicht nachlassende Begeisterung für das Projekt.

Wir danken Michael Piater für die Ideen und die Organisation eines großartigen Teamworks.

Wir danken Rafael Pranschke für sein tolles Foodstyling und seine wichtige Beratung als Diätkoch bei den Ausweichrezepten.

Wir danken Kristina Mehlem für das gelungene Styling auf den Tischen.

Wir danken Billy Wagner für seine unterhaltsamen Weinempfehlungen und praxisnahen Tipps rund um eine perfekte Weinauswahl.

Unser ganz besonderer Dank gilt Justyna Krzyzanowska für ihre vielen kleinen und großen Ideen und ihre unermüdliche Liebe zum Detail bei der Gestaltung, der Typografie und der Produktionsleitung dieses Buches.

Wir danken unseren Mitarbeitern Johanna Hänichen, Vanessa Peters, Ilona Schyma, Claudia Wester und Claudia Wilke für die Unterstützung im Projekt.

Wir danken Siegfried Huck und seinem Team, Klaus Fischer und dem Team von Wesel Kommunikation Baden-Baden und VVA Kommunikation Düsseldorf für die vielen Tests im Vorfeld und fachliche Unterstützung und die Geduld beim Ringen um ein ganz besonderes Druckergebnis.

Juli 2008 – Becker Joest Volk Verlag

Originalausgabe Becker Joest Volk Verlag

1. Auflage September 2008

ISBN 978-3-938100-46-2

Autor: Björn Freitag
Co-Autor: Michael Piater
Weinempfehlungen: Billy Wagner
Alternativrezepte, Diätberatung: Rafael Pranschke

Fotografie: Hubertus Schüler
Foodstyling: Rafael Pranschke
Dekoration: Kristina Mehlem

Layout, Satz, Bildbearbeitung, Lektorat:
Makro Chroma Werbeagentur, Hilden

Druck: Wesel Kommunikation Baden-Baden,
VVA Kommunikation Düsseldorf

BECKER
JOEST
VOLK
VERLAG